선현禪現, 선의 정수를 보이다

선현禪現,
선의 정수를 보이다

소계 전산 素溪 前山 지음

운주사

서문

인간에게 제일 중요한 것은 생사문제이다.

수만 명을 상담하고 최초로 무의식을 과학적으로 입증한 프로이드는 인간 무의식이 생존본능과 파괴본능, 즉 생사로 되어 있다고 보았다.

인간 의식의 바다인 무의식이 생사파도로 굽이치고 있는 것이다. 이는 진화하면서 수없이 나고 죽고 한 자신의 삶과 여정을 무의식이라는 창고에 고스란히 간직하고 있는 것이다.

그래서 진정한 자유는 이렇게 골수에까지 새겨진 생사의 미혹을 제거해야만 가능하다. 생명과 인간들은 과거에 수많은 생사의 일을 겪었고 지금 현재도 역시 생사현장에 있다. 그러므로 무의식이 생사라는 두 본능으로 되어 있는 것은 어찌 보면 당연한 결과이다.

그래서 우리는 의심하지 않는다. 생사를 의심하지 않는다. 설사 의심하더라도 기껏해야 융처럼 무의식의 긍정적인 치유와 조화의 기능을 조금 덧붙여 보태는 것이 전부이다.

여기 쇳덩이가 하나 있다.

쇳덩이를 아주 작게 만들어 가면 어느 때에 이르러 자석에 반응하는 자성을 잃어버린다. 물질은 크기와 구조의 변화가 극단적으로 일어나면 성질마저 바뀌게 된다.

자성을 잃은 철 입자를 보자. 모두 이젠 철이 아니라고 할 것이다. 왜냐하면 성질이 달라져 자석에 반응하지 못하기 때문이다.

그러나 자세히 보면 자성을 잃은 것이지 여전히 철의 입자이고, 다시 뭉쳐지며 크기와 구조가 변하면 또 철이 된다. 다시 뭉쳐 철을 회복하는 것은 너무나 당연하므로 말할 것이 없다.

주의해서 볼 것은 자성을 잃었지만 여전히 철이라는 것이고, 이것을 우리들은 자성을 잃어 철이 아니다고 생각하는 것이고 또 규정하는 것이다.

물질에 대한 이러한 오류를 우리는 인간심리인 무의식에서 또 범하고 있다. 무의식이 본성을 벗어나서 성질이 변하여 생사가 굽이치는 것이라고만 보는 것이다.

대부분은 원래 그대로인데 오히려 우리의 눈은 미세한 곳을 주로 바라보며 그것이 전체라고 여겨버린다. 이것은 오류이다.

이는 공기방울 포말을 보고서, 달라진 그들의 형태와 공기를 품어 달라진 성질만을 보고 그들이 물이 아니라고 말하는 것과 같다.

무엇이 무의식의 본질이며 대다수의 상태인가?

무의식은 태초의 상태를 가장 많이 함유하고 있다. 그것이 진정한 무의식이라면 그렇게 되어 있어야 한다. 마치 물에서 부풀어 오른 포말이 물을 가장 많이 함유하고 있듯이 말이다. 현재의식이 아닌 무의식은 과거의 심해요 창고이다. 그러므로 과거라는 바다에서 현재 떠오른 파도처럼, 자신의 본질을 가장 많이 함유하고 있어야 한다.

마치 빅뱅 이후의 우주가 태양 같은 양성적인 별과 블랙홀이라는 음성보다 암흑물질이라는 본래의 중성을 더 많이 함유하고 있듯이 말이다.

그런데 우리는 쉽게 보이는 대로 빛과 어둠의 플러스 마이너스 상태를 마치 우주의 전모인 것처럼 인식한다. 물론 지금은 암흑물질과 암흑에너지라는 보이지 않는 것들이, 아직 알지 못하는 것들이 우주의 주류인 것을 알고 있다.

마찬가지로 무의식을 볼 때 무의식이 태초의 본질로 대부분 구성되어 있다고 보기보다, 쉽게 생사라는 플러스 마이너스 상태로 가득하다고 본다.

무의식의 주류는 본질이다. 무의식이 생사본능보다 본질본능으로 더 가득 차 있기에 심리학의 교과서를 새로 써야 한다. 치유와 조화의 기능이 어떻게 생길 수가 있는가?

본질본능이 무게중심을 잡고 있기 때문이다.

형태와 구조의 변화 속에서 태어나 사는 우리는 이렇게 본말이 전도된 사고를 한다.

형상과 이름에 속아 바른 눈을 얻지 못하니 『금강경』은 끊임없이 무주상無住相을 설파한다. 무의식이 본질본능으로 가득 차 있기에 우리는 끊임없이 자신의 본질을 탐구하고 존재의 근원을 향해 나아간다. 비록 뒤뚱거리고 어설픈 행태들을 남발하기도 하지만 그래도 그들 모두는 본질중력을 중심하여 자신을 바로잡아 가면서 빚어내는 다소 이상한 몸짓이며 행위들인 것이다. 알기 쉽게 큰 흐름으로 말하자면 과거에는 종교라는 이름으로, 현대에는 과학이라는 이름으로 진행되어 왔다. 앞으로는 감성과 이성이 융화된 새 이름의 흐름이 생길지 모를 일이다. 인간뿐만 아니라 생명들과 생명 시작의 세포 때부터 아니 그 이전의 물질상태에서부터 그러한 지향은 계속되어 가고 있다. 신이라 이름 붙였건, 진리라 이름 붙였건, 궁극이라 이름 붙였건, 조화라고 이름 붙였건, 도라고 이름 붙였건, 기라고 이름 붙였건, 지혜라 이름 붙였건, 사랑이라 이름 붙였건, 이성이라 이름 붙였건 상관없이, 그리고 우리가 알고 하건 모르고 하건, 무의식적이건 의식적이건 물이 낮은 곳으로 흘러가며 마침내 바다로 향하듯이 우리는 근원으로 향해 간다.

왜냐하면 우리를 이루는 대부분이 본질이기 때문에 자신의 의도와 의지에 상관없이 자동적으로 습관적으로 그렇게 한다. 우리의 주류가 본질이 아니라면 어찌 본질로 무조건 자동적으로 나아갈 수가 있겠는가.

본질이 대세이므로 본질로 갈 수밖에 없는 숙명을 지니게 된 것이다.

변화에 의해 달라진 일부의 차별상과 모습에 가려 본질이 비주류가 된 것같이 보이고, 다시 그런 비주류 스타에 홀려서 의식이 본질을 인식 못해 종종 본질을 잃어버리지만, 무의식은 꾸준히 다양한 모습으로 자신의 고향, 대본질로 다가가며, 종교나 과학 같은 문화와 시대조류를 만들어 낸다.

타락해도 악마가 아니라 날개 잃은 천사인 셈이다. 문제는 바로 인식이다.

인식은 감각을 통해 이루어진다. 인간뿐만 아니라 모든 동식물도 나름의 감각으로 세계를 인식하고 있고 자신의 감각 정도에 따라 세상이 구성되어 있는 것으로 여긴다.

감각의 발달이 진화이며 인식의 발달이 진화이다.

인간은 다섯 감각기관에다 다시 의식이라는 종합추상의 특별한 내적 감각을 지니고 있다. 소위 통칭하여 안이비설신의眼耳鼻舌身意라고 부르는 것이다.

다른 동물들은 의식이 주체적으로 독립되어 있지 않다.

물론 인간 의식도 낮밤을 따라 피고 지며 겨울을 견디지 못하여 눈이 내리는 장면을 보지 못하는 양서류와 파충류처럼 밤의 어둠을 견디지 못하고 실신하므로 어둠 속의 일을 보지 못하고 잠들기에 아직 완전한 것은 아니다.

인간 의식은 아직 항상성이 부족하여 밤에는 동면해야 하니 몸은 포유류지만 의식 입장에서만 보면 항상성을 지닌 포유류 수준이 아니라 양서류와 파충류 수준이다. 인간 의식은 개돼지보다 못한 개구리, 뱀 수준이다.

그래서 비록 다른 생명보다 추상종합이라는 높은 능력을 가졌지만 더욱 더 진화가 필요하다. 마음을 닦아 의식을 더 진화시키는 것이 수행이다.

의식이 외부에 휘둘리는 변온성을 넘어서고 중심을 잡기 위해

첫 번째로 할 일은, 일단 앉아 밤 같은 좌선의 고요 속에서 자신의 내면에서 일어나는 일을 살펴보는 것이다.

마치 밤에 달이 어둠을 완전히 깨트리지 않은 채 어둠 속을 비추듯이 마음은 잠들거나 혼침에 빠지지 않고, 또 산란하거나 망상의 난동 부림이 없이 그야말로 달처럼 고요와 어둠 속에서도 적적성성寂寂惺惺하게 존재하여야 한다.

이것이 바로 새로운 인간진화의 시삭이며 향상일로의 첫걸음이다. 그 과정을 통하여 지금의 인식 수준보다 더 고도화된 인식을 얻어가며 존재와 세계의 전모를 보아야 한다.

여의보주인 세계는 보는 것만큼, 감각되는 것만큼만 보여지므로 감각의 고도화와 마음의 집중을 통해 그동안의 잘못된 견해를 뒤집고 획기적인 인식에 도달해야 한다. 그래야 존재의 진실상을 볼 수가 있다.

수행을 통해 실제롭게 정신을 다스리는 일, 이것이야말로 진정한 혁명이요 대진화이며 비의 중의 비의이다.

돋보기로 빛을 모아 불을 일으키듯 생각을 집중하여 어둠 속에서의 오류와 오명을 걷어버리고 광명 속에서 진실을 밝혀야 한다.

인간 무의식도 생사 카오스에 휘둘리지만 본질본능이 그 주류로 보이지 않는 손처럼 차별상을 넘어 근본으로 우리를 데려가려 하고 있다.

그리고 그 현실적 과정이 생명진화요 인간역사이다.

말한 대로 가장 중요한 것은 이러한 대세를 현재의식이 제대로 알아차리는 것이다.

그것을 깨달음이라고 부른다.

그럼 어떻게 깨닫는가? 무엇을 깨닫는가?

비주류를 주류로 착각하고 전도顚倒된 것을 바로 잡는 방법으로 깨닫는다.

차별상의 미혹을 벗어나 본질이 주류인 것을 알고자 하면 본질을 찾아야 하고 본질을 보려고 해야 한다. 본질을 깨달아야 한다.

불교에 견성성불見性成佛이라는 말이 있다. 불교의 최고의 경지로 '본성을 보아 부처를 이룬다', 즉 본질을 깨달아 진리의 극치를 얻는다는 말이다.

본질을 자세히 보면 업의 본속성도 근본 성품과 크게 다르지 않다.

마치 무의식의 몸체가 본질본능이고 생사가 그의 옷인 것처럼 업의 본모습도 장엄여래인 것이다. 오명을 벗겨 빛이 나게 하는 것이 수행이다.

이것은 발명이 아니라 발견이다. 발견에는 좋은 눈과 감각, 바른 인식이 필요하다.

문제는 의식이고, 중요한 것은 의식의 전환이다.

세계를 수리하는 것이 아니라 마음을 수리하는 것이 포인트로, 인식을 바로잡고 마음을 닦아 그에 걸맞은 세계를 얻고 마침내 진리에 도달하는 것이다.

자신의 코앞의 일, 개체의 상황에만 속아 비주류를 주류로 잘못 인식하면, 비교와 차별과 집착 속에서 개체간의 끊임없는 갈등과 다툼이라는 악순환을 반복하는 질곡과 어리석음의 우물에서 헤어날 길이 없다.

벗어나려면 본질이 전모이며 주류임을 제대로 알아차리는 것이 중요하다. 이것이 차별과 불안의 증장 속에서 휘둘리는 삶에서 벗어나 본래면목의 진실 속에서 주체와 대긍정의 삶을 사는 길이다.

알고 보면 생사는 도리어 극히 작은 일이고 번갯불같이 짧은 외마디 비명이다.

그리고 바르게 아는 것은 편협되게 아는 것보다 오히려 우리에게 더 신비한 세계를 보여주고 선사한다.

바른 인식은 진실세계가 응답하고 진실세계와 계합한다.

어느 인간이 다시 흑백으로 보이는 눈을 가지고 우중충한 세계 속에 사는 개로 되돌아가려고 하겠는가?

깨달음은 찬란하고 진실은 장엄하다.

마음이 흐려지면 세계가 흐려지고 마음이 밝아지면 세계가 밝아진다.

세계가 주체가 아니라 마음이 주체이다.

마음이 소프트웨어로 화면 구성의 요체이며 세계 구성의 키(key)이다.

이것을 확신해야 한다.

어리석은 자는 세계를 바꾸려고 하고 지혜로운 이는 자신을 바꾸고자 한다. 세상이 아니라 직접 자신을 바꾸는 것이 수행이며, 거두절미하고 본질로 직진하는 것이 직지直指이다.

주류의 본질에 평안히 앉는 것이 좌선이며, 올바른 인식의 날갯짓을 거듭하며 전도몽상의 구름을 넘어 바른 견해의 태양을 얻는 것이 깨달음이다.

말했듯이 공기방울, 포말이 물이 아닌 것으로 알고 있었던 착각을 자세히 들여다보고 다시 물로 바로 잡는 것이다. 스스로 물임을 안 파도가 바다라는 광활한 자신의 뿌리를 발견하듯이 바른 인식도 진리라는 든든하고 장엄한 뿌리를 얻는 일이다.

깨달음은 우리의 불안한 의식이 본질과 통하고 만나며 절대믿음에 도달하게 한다.

정견正見과 상합相合을 통해 비로소 의식은 대자유와 지고한 행복에 도달한다.

선은 이것을 추구한다.

산골에서…

1. 자유와 해탈의 연금술

선은 해방이요 해탈이다.

무엇의 해방이요 해탈인가?

몸과 현상과 현실과 조건에 묶인 마음의 해방이요 해탈이다.

그래서 오직 마음을 문제 삼는다. 마음은 자기에게 묶이고

집단에 묶인다. 자기로부터의 해탈, 집단으로부터의 해방이

요점이다. 선의 지난한 역사는 이러함의 끝없는 과정이다.

마음에서 제일 중요한 것은 생각이라는 것이다.

생각, 의식에 대한 탐구인 셈이다.

이는 서구철학에서도 마찬가지이다. 서구철학 중에서 자유를

가장 중시한 철학자는 데카르트이다. 신중심에서 인간중심으로, 감성과 믿음에서 이성과 의심으로, 비합리적에서 합리적으로 사상을 옮겨 중세를 근대로 옮기는 턴 포인트(turn point)를 가져왔기에 그를 근대철학의 아버지라고 한다.

'나는 생각한다. 고로 존재한다'는 정언명령은 오랜 의심 끝에 직관적으로 깨달은 것이다. 논리의 대가이며 수학자인 데카르트이지만, 정작 마음의 탐구는 조계종의 간화선과 같이 모든 것을 의심하는 방식이었고, 결론도 논리적 사유가 아니라 직관적 사유였다. 데카르트는 소위 마음의 지평에서 생각이 빅뱅하는 순간을 보았던 것이다.

그리고 그 순간 자신의 존재를 확인하였다.

그야말로 한자 뜻 그대로 깨달음이 난다는 날 생生, 깨달을 각覺처럼 생각이 나는 것을 보고 깨달은 것이다.

물론 지금 우리들은 생각을 사고의 뜻으로 주로 사용한다. 마음이란 단어도 본바탕의 의미로 깊게 사용하기도 하고 대상에 반응하여 일으키는 얕은 생각이란 의미로 그때그때에 따라 사용하기도 한다. 동양의 선과 차이가 있다면 일체유심조 측면에 머물렀다는 것이다.

원효스님의 '마음이 일어나니 세계가 일어나고 마음이 멸하니 세계가 멸한다. 일체가 유심이요 만법이 유식이다'라는, 해골에 괸 물을 먹고 깨달은 오도송悟道頌과 일맥상통한다.

법이란 말은 진리를 말하기도 하지만 세계, 존재를 뜻하기도 한다. 객관적 실체를 중시하는 근대철학의 아버지가 정작 유심론자였다는 것은 아이러니로 일반인들이 잘 모르는 사실이다. 그는 마음의 자유와 해탈에 치중하여 정신과 육체를 분리하기까지 하였다. 흔히 우리가 이원론이라고 부르는 것이다.

그러나 이것은 단견이다. 사실은 정신과 육체의 분리를 통通해야만 정신이 온전히 해방되기 때문이다. 경험론은 자유보다 실증을 중시하여 현실경험을 우위에 놓았고, 이것은 결국 현실의 예속을 불러오게 되어 정신은 자유로워질 수 없게 되었다. 대륙의 합리론과 영국을 중심으로 한 경험론이 생겨나 이렇게 두 흐름이 법칙탐구와 실험실증을 거듭하며 근대와 과학의 길을 열어왔다. 유럽은 각 나라마다 특색이 있는데 무역거래와 사업을 해보면 그 특색이 잘 드러난다고 한다.

무역 상담을 하며 물건을 설명할 때 영국사람들에게는 나이 든 사람을 대동하는 것이 유리하다고 한다.

경험과 경륜을 중시하는 영국인의 특성 때문에 좀 더 신뢰를 받을 수 있기 때문이다. 그래서 독일은 제품의 기술적 상태를

잘 설명해야 하고, 프랑스는 제품의 개성과 특이성을 강조해야
한다고 한다.

이웃 일본의 경우도 영국과 비슷하다. 경험과 오랜 숙련을
중시하는 까닭에 대를 이어 오래 하는 것을 중시하고 장인정신
을 강조한다. 섬나라의 지리적 특성상 영역이 제한되어 있어
많은 것을 경험한 사람이 존중받는 셈이고, 자연히 연륜이
있는 사람과 경륜이 풍부한 사람을 우대하는 것이다. 영국에서
경험론이 유행한 것은 지리적 상황과 밀접한 관계가 있다.
경험은 각자가 섬인 우리 자신에게는 중요한 자산이지만, 그러
나 마음이 백지상태에서 경험한 것만으로 채워진다면 마음은
도리어 경험한 것에 묶일 수밖에 없다. 자유가 없어지는 것이다.
그래서 자유와 해탈을 위해서는 경험이 탈루되어야 한다.

경험이란 무엇인가?

나 자신이 1차경험물이며 조건이다.

그리고 세계와 집단과 환경과 현실이 2차경험이며 조건들이다.
그러므로 자유란 나 자신을 넘어서는 것이며 집단과 세계를
뛰어넘는 것이다. 자신이 무아의 경지에 도달하거나 사랑으로
자기희생의 경지에 들어도 흔히 집단에 묶이는 경우가 많다.
집단이란 작게는 가족, 직업, 국가 등등이다.

예를 들면 자신의 목숨을 초개같이 버리며 가족이나 국가나 집단에 헌신해도 그가 자유를 얻었다고 할 수는 없다.

개인 심리만 초탈해서 되는 게 아니라 집단 심리도 걷어차야 한다. 경험이란 자신의 자산이요 소유이기도 하지만, 자신을 중독되게 하고 물들이기도 한다. 마음은 조건과 환경에 물들기 마련이라서, 찬탄 받던 사람이 불쾌한 대접을 받으면 마음이 언짢아지고 기분이 더러워질 수 있다. 그러함이 생긴다면 마음이 예전의 경험들에 구속되어 자유롭지 못한 것이다.

경험이 마음을 자유롭게 하는 것이 아니라 오히려 예속시키기 쉽다는 말이다. 그러므로 자유에서 제일 중요한 것은 경험에서 마음을 분리해 내는 것이다. 마치 흔들어 놓은 흙탕물을 가만히 두면 물과 흙이 분리되어 맑은 물이 드러나는 것처럼, 경험과 끊임없이 콘택트 하고 커넥션을 맺고 있는 자신의 생각을 고요히 하는 것을 통해 마음을 분리한다.

사유의 미꾸라지들이 잠잘 때 본연의 맑은 물이 드러나고, 사유의 구름들이 비가 되어 떨어질 때 밝은 하늘이 드러난다. 자유는 목적이고, 분리는 방법이요 방편인 것이다.

그러므로 데카르트의 이원론은 자유의 연금술을 위한 장치요 길인 것이다. 철학을 한마디로 하면 자신과 세계에 대한 이해라고 하듯이, 불교에서도 자유와 해탈을 위한 자신의 초월과 세계의 초탈이 꾸준히 진행되어 왔다.

붓다는 이것을 구차제선정九次第禪定으로 요약하였다.

구차제선정이란 욕계·색계의 사선정四禪定과 무색계 사선정四禪定의 팔선정八禪定, 그리고 마지막 아홉 번째 멸진정滅盡定, 흔히 열반이나 성불이라고 부르는 선정을 합한 것이다. 불교의 세계관은 장황하므로 생략하기로 한다. 색계 사선정은 호흡이 기준으로써 식적멸息寂滅이 최상의 경지이다.

정신활동이 약해지는 잠잘 때에는 호흡만이 있으므로 불교에서는 호흡을 몸의 대변자로 여긴다. 이와 함께 무색계 사선정은 정신, 즉 의식의 고요 정도이다. 좀 더 일반인이 알기 쉽게 이야기하면 생각의 경지들과 그 고요 정도이다.

즉 무색계 사선정은 정신이 기준인 셈이다.

그러므로 구차제선정은 우리의 구성요건인 몸과 마음, 정신과 육체에 대한 이야기이다. 호흡의 안정과 정신의 고요, 더 나아가 고요해진 심신 속에서만 맑게 드러나는 물처럼 본심, 본성, 본자유를 적멸이나 열반이나 부처님이나 지혜나 달이라고 부른 것이다. 심신을 탈루하고 얻어지는 아홉 번째 경지 멸진정, 그것이 대자유이며 대해탈인 셈이다.

간단히 말하면 심신탈락으로, 심신이라는 경험들을 초월하는 것이다. 데카르트는 이것을 이성이라고 불렀다.

경험들을 의심하고 의심하여 이성에 도달하였다.

동양의 선은 초기불교처럼 분석적으로 설명하지 않는다. 물론 그 이면에 분석이 녹아 있지만 그것만으로는 부족하다고 보았다. 서양에서도 이러한 탐구가 철학 내내 이루어졌는데, 플라톤과 아리스토텔레스에서 시작하여 합리론과 경험론으로 근대에 전개되었다. 그 요점은 본체와 현상의 관계이다. 본체는 당체로써 진리 그 자체이며, 현상은 흔히 경험하게 되는 일체의 것이다. 플라톤은 이데아론으로 본체를 중시하였고, 아리스토텔레스는 플라톤에 비해서는 경험을 중시하였다. 그래서 플라톤에게는 세상이 환영이며 별로 무가치한 것이었지만, 아리스토텔레스는 카타르시스라는 일반인들이 잘 아는 『시학』을 비롯하여 각 부분의 학문에 일일이 개입하였고 제자 알렉산더에게 온 세상을 경험할 것을 가르쳤다.

만일 알렉산더가 플라톤에게 배웠더라면 전쟁터에 나가지 않았을 것이다. 종교도 이런 각자의 경향을 갖는데, 불교는 본체적이고 기독교는 경험적이다. 그래서 불교는 '경·율·논'이 발달하고, 기독교는 경험인 간증과 온 세계로의 복음전파가 중시되는 것이다. 서양철학에서는 이 본체와 현상의 관계를 탐구하다 일차정리가 일어나는데, 칸트에게서이다. 칸트는 합리론과 경험론의 종합을 시도했고 결과는 본체인 物물 자체에 대해서는 경험이 알 수 없다는 것이었다. 불가지不可知를 선언한 것이다. 마치 산 자가 죽은 자의 일을 모르는 것처럼 말이다.

경험하고 돌아올 수 없는 곳, 경험이 미칠 수 없는 것이었기에 현상의 우리는 당체와 현상의 관계를 규명할 수 없다.

이는 데카르트의 이성에 대한 정리와 종합이라기보다는 사실상의 반동으로, 도덕을 중시한 그의 태도에서 나올 수 있는 자연스러운 결과였다. 도덕주의자는 공자를 비롯하여 대부분 현실주의 경향을 갖기 쉽다. 문제는 인간 정신이 사물의 법칙을 알 수 있다는 것인데, 칸트는 그것이 이성의 작용이 아니라 오성悟性이라고 이름을 붙였다. 과학의 길은 인정한 셈이었다.

과학의 흐름에 형이상학이 무색해지자 이러함에 반발하여 훗설의 현상학을 비롯하여 하이데거, 사르트르로 이어지며 여러 형이상학들이 다시 현대에 튀어 나왔다.

현대철학의 형이상학은 '나는 생각한다, 고로 존재한다'는 데카르트 명제, 즉 사유와 존재에 대한 탐구의 연속과정으로 훗설에 의해 의식의 지향성과 판단중지가 제시되었고, 사르트르에 이르러 지향성을 가진 사유와 사유 사이의 간극에 있는 무화작용을 보게 된다. 사르트르는 외부의 도움없이 그냥 존재하는 식물이나 동물을 '즉자적 존재'라 부르고, 무엇인가에 기대어 존재하는 사람을 '대자적 존재'라고 불렀다. 물론 식물이나 동물이 전혀 외부의 도움이나 교류 없이 존재하는 생명은 아니다. 다만 인간보다 그 범위와 정도차가 분명히 있고 자율성이라는 큰 차이가 있는 것이 사실이다. 마치 그냥 주어진 대로 연산만 하고 입출력만 하는 컴퓨터와 자율적인 인공지능의 차이와 같다.

'의식에는 내부가 없다'는 그의 말처럼 마음도 이러한 대자적 존재로, 무의 마음이 외부와의 감응에 의해 그것을 지향하면서 비로소 자신의 존재를 드러낸다.

사람의 의식은 무의 상태이기 때문에 아무것에도 얽매어 있지 않다. 의식은 외부의 강제에 의해서가 아니라 스스로의 힘으로 외부 세계를 지향하고, 절단하고, 조정하고, 정립시킨다. 따라서 의식은 무한히 자유롭다. 초기 부처님의 사유수뿐만 아니라 동방선사들의 본래 자유, 본래 해탈사상과도 맥락을 같이 한다. 표현과 추구방식과 방편의 차이가 있지만 초기불교와 동양 선불교의 목표점이 다를 수는 없다.

자유와 해탈의 목표점은 대승 소승 할 것 없이 동일하다.
주어진 대로만 하는 것이 아니라, 스스로의 힘으로 지향하고
조정하고 종합하고 정립하려고 하면 여지가 있어야 한다.
정신의 유연성과 포용성을 부르는 자유성이 있어야 한다.
꽉 차 있거나 경직되어 있는데 어떻게 그런 작업이 가능하겠는
가. 흔히 사르트르의 무無를 빈 그릇에 비유한다.
같은 말이지만 자신은 비어 있으나 빛과 바람과 비가 오고
갈 수 있는 '텅 빈 마당' 같은 것이다. 마음은 마당이다.
텅 빈 마당이 없는 답답함이나 욕구만으로 가득 차서 자신의
자율성이 없어진 마음이 집착이다. 그 집착은 바깥에서 보면
열심히 쫓아가도 마음의 입장에 서서 보면 별로 교류하지 않는
다. 집착하는 마음은 경직되어 있고 견고한 벽을 쌓는다.
다른 동물은 이러한 텅 빈 마당을 타고나지 않는다.
그래서 주어진 대로 살아가는 것이다. 인간에게 오면 이런
텅 빈 마음은 역력해진다. 그러므로 지상에서는 인간 고유의
전유물이며, 하늘이 부여한 타고날 때부터 가지고 나온 인간만
의 특징이요 권리이다. 마음이 바로 천부인권이다.
다른 동물이나 생물체와 달리 자유처인 무無를 마음속에 내부의
보이지 않는 재산으로 소유한 존재가 바로 인간이다.

텅 빈 마음, 자유가 다른 지상생명체와 인간을 구분 짓는 인간의 특징이며 천부인권의 뿌리인 셈이다.

의식과 자유의 관계가 이처럼 현대철학에서 꾸준히 탐구되었다. 인간 자유의 근원이 인간 내면의 마음에 있다고 보았고, 내면의 자유로움을 소유하고 자각한 인간은 만물의 영장이 되어 동물과 달리 문명文明을 일으켰다. 그러므로 진정한 인간다움은 자유에 있다고 할 수가 있다.

흔히 서로 사랑하는 것이 인간다움이라고 여기지만 다른 동물들도 자신의 새끼를 사랑한다.

자기 새끼가 잡혀가는 것을 보고 내장이 끊어졌다는 원숭이의 '단장斷腸'의 고사를 보거나, 육지의 새끼를 보호하기 위해 상판 철갑무게에 눌린 연한 뱃살이 땅에 쓸리어 찢어지는데도 무작정 달려가는 악어를 보면 오히려 인간보다 더 자식을 사랑한다. 이보다 더 심한 경우가 오직 대를 잇기 위하여, 교미 후에 임신과 새끼양육을 위해 아예 그 자리에서 자신을 희생하거나 상대를 바로 잡아먹어 버리는 경우이다.

그래서 흔히 패륜아나 극악한 불효자를 보고 금수만도 못한 놈, 짐승보다 못한 놈이라고 하면서 욕한다.

사랑은 공유 권한이고, 자유가 고유 권한이다.

인권은 인간 정신의 본질인 자유로움에 기초한다.

물론 텅 빈 마당, 천부인권설 운운은 나의 표현이지만 사르트르는 이러한 것들을 『존재와 무』라는 저서에서 피력하고, 자아관념은 의식과 사유의 후천적 종합일 뿐이라고 여겨 공산주의의 견해와 비슷하게 되고 자신도 사회주의자가 된다.

무적 존재인 마음이 사회와 바깥을 지향하는 데 중점을 두면 사르트르처럼 사회운동가가 되고, 마음 그 자체의 본성에 치중하면 붓다나 선사가 되어 출가주의가 된다. 사르트르와 달리 헤겔은 절대정신을 강조하며 궤를 달리하는 철학을 전개하였다. 니체도 개아의 입장에서 자기완성의 초인사상을 피력했는데, 이들에 심취한 히틀러가 공산주의를 그렇게 싫어했다니 사상의 흐름에는 일정한 맥락이 있음을 보여준다.

히틀러의 성장에는 히틀러가 공산주의를 차단해 줄 것이라는 영국과 프랑스의 판단이 한몫을 했고, 후일 실제로 히틀러는 독소불가침조약을 맺은 상황에서도 무리하게 소련을 침공하였다. 지금도 많은 표면의 상황들과 전쟁 이면에 이러한 사상차가 존재한다.

사르트르가 밝힌 생각 사이의 무無와 대자적 존재로의 마음은 선종禪宗에서도 여러 차례 피력되었다.

바로 객진번뇌설客塵煩惱說이다.

객진번뇌에 대해 말해주는 좋은 일화가 있다.

조주선사가 후원의 마당을 쓸고 있었다.

먼지와 티끌이 뿌옇게 일어났다.

제자가 의미심장하게 한마디 건넸다.

"스님은 고승이신데 왜 이렇게 티끌이 일어납니까?"

"모두가 바깥에서 온 것이니라."

제자가 다시 여쭈었다.

"그럼, 절은 청정한 곳인데

어찌하여 티끌이 일어나는 것입니까?"

조주선사가 손가락으로 제자를 가리키며 말하였다.

"여기 또 티끌 하나가 더 생겼군."

동방의 선사들뿐만 아니라 이미 2,500년 전에 붓다와 그 제자들
이 수행관찰의 방법으로 의식의 무無와 외부반응에 대해 정리한
바가 있다. 그 대강은, 생각은 한 번에 하나밖에 하지 못하며
생각과 생각 사이가 끊어져 있다는 것이다.

디지털이라는 말이다.

그런데 우리는 생각이 강물처럼 흘러가는 것으로 인식한다. 이것은 비유하자면 1초에 24컷의 사진을 연속적으로 넘기면 우리 눈은 영상으로 인식하여 영화가 상영되는 것과 같은 이치이다. 동영상이 존재하는 것이 아니라 사진들이 존재하는 것이고 이들이 연결된 것일 뿐인데, 우리의 어설픈 눈이 영상으로 인식한다는 것이다. 좀 더 좋은 눈을 가진 고양이는 영상이 아니라 사진의 나열로 보고, 사진 사이의 빈틈까지 보게 될 것이다. 생각도 사진처럼 조각조각으로 되어 있고 이들이 연결되어 사유로 보인다는 것이다. 그러나 한 생각에서 다른 생각으로 옮겨갈 때 자세히 보면 생각의 빈틈이 보인다.

아까 말한 대로 사르트르도 이것에 주목하여 그 무無의 지점에서 우리 안의 자유를 찾아낸 것이었다.

얼핏 봤던 우리나라 원효스님의 깨달음의 게송을 제대로 보자.

심생즉 종종법생(心生卽 種種法生)

심멸즉 종종법멸(心滅卽 種種法滅)

삼계유심 만법유식(三界唯心 萬法唯識)

한 생각이 일어나면 온갖 법이 일어나고,

한 생각이 사라지면 온갖 법이 사라진다.

온 세계가 오직 마음이요, 모든 존재가 유식이다.

심생즉 종종법생이 데카르트적 사유라면, 심멸즉 종종법멸은 사르트르적 사유이다. 사르트르는 초기불교에 가깝고, 데카르트는 동양적 대승 선불교에 가깝다. 다 그렇다는 것이 아니고 아래 부분을 포함해서 몇 가지 통찰이 그렇다는 말이다. 데카르트가 탐구형이라면, 사르트르는 데카르트보다 사회형이다. 불교에서는 동방의 선사들보다 붓다가 사회개혁적인 성향이 강하였다. 그렇게 된 이유는 동방으로 온 불교가 반야계통과 정토계통으로 나누어지며, 자력수행과 타력수행이 더 극명하게 분리되며 진행되었기 때문이다. 물론 명·청대에는 이 둘이 다시 융화되지만 자리自利와 이타利他의 색조가 각자 선명하게 신과 정토에서 니타난다. 카스트가 엄격했던 당시 인도 사회에 살던 붓다는 계급의 불평등과 폐해를 개선하고자, 평등한 공동체인 승가를 만들고 율법을 제정하였다. 스님들이 지켜야 될 중요한 10가지의 계율을 보면 '춤추고 노래부르지 마라', '향을 바르거나 꽃과 금은보화를 몸에 두르지 마라' 등이 있다. 이는 향을 몸에 바르고 꽃다발과 장신구를 몸에 두른 채, 춤추고 노래하기를 좋아하는 인도사람들의 생활 태도에 정반대되는 삶이다. 한마디로 시대의 반항아였으며 사회개혁가였다. 이에 반해 동방에서는 정토사상이 대중교화에 주로 앞장섰고, 선禪과 선사들은 사회개혁보다 수행일변도의 삶을 살며 대다수 개인적으로 법에만 전념하였다.

그러나 우리가 놓치지 말아야 하는 부분이 있다.

사르트르를 비롯하여 서구철학자들이 그냥 자유를 철학적으로 추구했다면, 붓다는 생사윤회와 괴로움이라는 자신의 당면문제를 극복하기 위해서 출가하여 수행했으며 고행 끝에 해탈열반을 성취하였다. 그러기에 비록 서구철학자들과 유사성이 많지만, 출가와 실천적 수행관조의 차이점이 있다.

붓다가 비록 사회개혁적 성향이 있었으나 이 출가와 관조가 무게중심을 잡고 있어, 출가가 아니라 계약결혼을 하며 사회운동으로 일관했던 사르트르만큼의 강한 사회성을 지니지는 않는다.

초기불교에서는 무아와 연기가 중요한데, 찰나 순간에 이루어진 한 생각들이 인연 조합되어 자아가 있다고 착각하게 된다고 여기므로, 우리가 자아라고 여기는 것은 후천적인 결과물이 된다. 이는 사르트르의 견해와도 통한다. 이처럼 인연 조합에 의해 전개되고 형성되어 그렇게 보이는 자아와 세계는 우리 눈에만 자아와 세계이지, 여래의 눈에는 인연 조합의 연기적 작용일 뿐이다. 그래서 불경에는 좋은 눈을 가지는 것을 중시하여 정법안장正法眼藏이니 불안佛眼, 혜안慧眼, 법안法眼, 천안天眼 등등 눈에 대한 말이 많이 나온다.

생각 사이의 빈틈은 이 같이 연기법을 깨닫게 하고 자아를 통찰하여, 무아無我를 보게 하므로 무척 중시되었고 지금도 초심자들에게 수행법으로 가르치고 있다.

2,000년 뒤에 유심종과 법상종은 데카르트의 명제로 피력되고, 초기불교의 사유수는 사르트르에 의해 존재와 무無라는 현대철학으로 서구에서도 나타나게 된 것이다. 동서양 모두 사유에 대한 탐구의 결과들이니 유사할 수밖에 없다. 다만 차이가 있다면 서양은 언어를 통한 사고작용으로 의식에 대해 탐구했다면, 동양은 생각을 고요히 하는 직접 수행으로 마음을 관찰하는 방법을 추구했다는 것이다.

둘 다 어려운 문자를 쓰는 것은 공통점이다.

그러나 자세히 보면 우리 자신의 마음과 세계에 대해서 말하는 것일 따름이다. 맥락과 주안점을 알고 보면 의외로 간단하다. 게다가 불교는 말은 어렵지만 실천 수행법이 분명하게 있어,

그대로 실천해보면 경전의 뜻이 물먹은 잎처럼 확연히 살아난
다. 자비심을 가지면 관음보살의 눈높이 구제가 이해되고, 지혜
가 길러지면 『금강경』의 내용이 저절로 이해된다.

왜냐하면 자비행을 해보면 자연스럽게 상대에 맞춰서 해주게
되어 있고, 좌선을 하여 마음이 초연해지면 마음의 실상을
절로 깨닫게 되기 때문이다. 실제 마음을 다스리고 정지시키는
다섯 가지 방법이 있다고 붓다가 일러주셨는데, 그것을 '오정심
관五停心觀'이라고 부른다.

이 오정심관은 불교뿐만 아니라 모든 종교와 수행의 방법이
모두 이를 벗어나지 않을 정도로 잘 정리되어 있어 적어 본다.
오정심관은 마음을 고요히 하는 다섯 가지 방법이다.

첫째, 탐욕이 많은 이에게는 욕심을 멀리하기 위해 삶을 고해로
보고 부정적으로 보도록 한 부정관不淨觀이다.

둘째, 분노와 희로애락이 심한 사람에게는 관용과 연민의 마음
을 갖고 살아가게 한 자비관慈悲觀이다.

셋째, 생각이 많은 사람에게는 호흡을 관하게 한 수식관數息觀
이다.

넷째, 어리석은 이에게는 인연을 관찰하게 한 인연관因緣觀
이다.

다섯째, 집착과 번뇌의 괴로움이 많은 사람에게는 원만상호를 관하는 불상관佛相觀을 그 방법으로 제시했는데, 무척 지혜로운 통찰이다. 불상관은 달리 염불관이라고도 한다.

그리고 삼법인三法印에서 제행무상諸行無常·제법무아諸法無我는 부동이지만 열반적정涅槃寂靜과 일체개고一切皆苦가 들락날락하듯이, 아예 불상관을 빼고 자신의 고정불변한 실체가 없다는 '계분별관界分別觀'을 넣기도 한다. 이 중에서 불교에서는 호흡을 관조하는 수식관이 가장 안전하고도 정확하게 열반에 이르게 하는 보편적인 법이라고 보고 일반적으로 가르친다. 엄밀히 말하면 관찰대상보다 관조觀照 그 자체가 중요한데, 호흡이 몸의 작용으로 가장 잘 드러나므로 호흡을 관하는 것이 가장 기초적인 것이면서 대체적인 것이 되었다. 호흡을 관하다 호흡이 고요해지면 그 이후엔 미세한 몸의 움직임들이 느낌으로 흐르고, 느낌이 고요해지면 희로애락·선악미추가 없는 더 담백하고 미세한 인식이 감지된다. 그리고 마음이 고요해지면 의식 너머의 법과 자신을 둘러싼 법계가 느껴진다.

숨소리를 고요히 하고 귀를 기울인다는 말처럼 좀 더 미세한 파동과 행行들로 옮겨가며 자연스럽게 관조가 이루어져 간다. 그러므로 관의 상태를 유지하는 것이 중요하며, 관찰대상인 신수심법身受心法은 그야말로 염처念處이며 관찰대상일 따름이다. 이 신수심법을 불교에서는 4가지 마음을 둘 곳이라 하여 '사념처四念處'라 한다. 이 사념처를 보면 붓다가 얼마나 총명한지 알 수 있다. 보통 사람은 자신의 몸에 무엇이 닿아도 그 시작과 흐름과 끝을 정교하고 미세하게 관찰하지 못한다. 우리 몸에 남의 손이 닿으면 먼저 몸의 촉식이 반응하여, 부드러운 정도와 딱딱한 정도를 감지한다.

만일 부드럽게 닿았다면 기분 좋음이 발생하고, 심하게 눌렀다면 아픔이 발생하며 희로애락이 생긴다고 하자.

첫 번째 촉식반응에서 신념처身念處를 볼 수 있고, 두 번째 희로애락에서 감수작용인 수념처受念處를 볼 수 있다.

만일 아픔이 발생했다면 마음은 그것을 인지하고 어찌 처리해야 할지 판단한다. 이것은 심념처心念處이다.

그리고 붓다는 그들이 모두 연기적으로 일어나는 것을 관찰해내고, 내외를 관통하며 경계와 의식 이면의 너머에까지 모두 이르는데 바로 법념처法念處이다. 한 번의 손길이 닿는 것만으로도 존재의 최고 외부인 육신에서 감수를 거치고 생각을 지나, 가장 내부인 의식 너머와 일체법계에까지 순식간에 일목요연하게 도달한다. 놀라운 관찰력이다.

알기 쉽게 사념처에 대해서 설명하느라 순서가 있고 깊이가 다른 듯 말했지만 반드시 그런 것은 아니다.

수행상에는 무엇을 관하건 각각의 염처에서 독자적으로 깨달음이 올 수가 있다. 다만 관조를 하다보면 대체로 거친 파동에서 미세한 파동으로 나아가므로 순서적으로 되기도 한다. 일반인에게 알기 쉽게 관觀을 설명하면 희로애락이 배제된 순수한 느낌, 선악미추를 떠난 '청정한 감지'라고 할 수가 있다. 감지와 느낌에서 희로애락만 배제하면 관이라 볼 수 있다. 퓨어 필링(pure feeling)이 관觀인 셈이다.

호흡은 신수심법 중 가장 거친 흐름이요 파동이지만 그렇기에 쉽게 관찰되는 장점도 있다. 사념처와 더불어 불교교리 중에서 꼭 이해해야 할 것이 있다. 바로 십이연기十二緣起이다.

십이연기는 무명無明·행行·식識·명색名色·육처六處·촉觸·수受·애愛·취取·유有·생生·노사老死이다. 십이연기는 붓다가 깨달은 방법으로 보다시피 무명무지에서 생로병사까지 어떤 경로를 밟아 진행되는지 밝힌 것이다. 일반인들은 그 의미를 제대로 파악하기가 어려우니 알기 쉽게 중요부분만 설명하도록 하겠다.

흔히 인식이나 생각작용이 제일 빠른 것이라고 여긴다. 그러나 붓다는 인식보다 더 선행되는 것이 行행이라고 보았다.

행은 삼스카라saṃskāra의 번역인데 정신적 상태나 성향을 꼴 지우는 정신작용으로, 알기 쉽게 말하면 이미 심업心業이 되어 버린 것을 말한다. 불교는 업과 행에 대해서도 무척 세분화하여 말하지만, 너무 자세하면 오히려 요점을 어긋나기 쉬우므로 그냥 업이라고 생각하면 된다. 우리는 보통 빛과 같은 인식이 행보다 먼저 발생한다고 여긴다. 확실히 그런 면이 있다.

그러나 십이연기의 行행은 좀 더 심오하다. 행은 포괄적인 단어라 현재에서 벌이는 일상행위도 결국 업이 되어가므로 나중에는 심업이 되지만, 십이연기의 행은 인식보다 더 선행되는 행에 주목한다. 인식보다 더 빠른 행은 우리들도 자주 경험한다. 흔히 무의식적으로 행동을 하고 나서 뒤늦게 인식이 일어나는 경우가 있다. 심지어 한참의 시간이 지난 뒤에 인식되거나 아예 의식을 못하는 경우도 많다. 어째서 이런 일이 일어나는가? 업은 오랫동안 반복되거나 계속되어 와서 자동으로 실행되거나 취사선택이 인식보다 먼저 이루어져 버리기 때문이다.

이때 생각은 사전예방시스템이 아니라 사후약방문이다.

우리가 서로 좋아하는 사람의 스타일을 보면 그 사람을 분석해서 인식을 통해 좋아하는 경우보다 그냥 좋은 경우가 많다.

인식이 아니라 이미 취향이 결정해 버리기 때문이다.

물이 계속 흘러가면 골이 파이고 계곡이 된다.

다음에 비가 오면 무조건 그 계곡으로 흐른다.

습관적으로 자동적으로 말이다. 행업은 이처럼 이미 결이 되어 있고 취향의 덩어리가 되어 있다. 먼저 무의식적으로 선택하고, 나중에 생각과 인식이 따라가며 평가하고 관리하며 증폭 소멸한다. 영감에 따라 시가 먼저 쓰여지고, 그 다음에 비평가가 좋으니 나쁘니 하며 비평하는 것과 같다.

생각은 이미 이루어진 행을 자기중심적으로 또는 효율적으로 처리하기 위한 기술자이며 사후평가자이며 관리자라는 말이다. 업이 먼저 움직이고 그 다음에 현재의 의식이 뒤따른다.

생각이 잘 정리되어 있거나 좋은 처리방식을 지녔다면, 행은 사후관리와 통제를 잘 받아 잘 정리되고 쓰임새가 높아진다. 이 업행을 우리는 느낌이라고 말하거나 여기기도 한다. 이것은 어느 정도 일리가 있는 말이다. 우리의 생각은 타오르는 불꽃처럼 끊임없이 변화하므로 한 생각을 계속하기는 사실상 어렵다. 그러나 업행은 이미 오랜 습찰으로 덩어리가 되어 있고, 결을 지닌 채 변화하는 것이기 때문에 특성상 자기 정체성이 견고하게 유지된다.

문제는 행이 인식보다 먼저 있기 때문에 파악이 잘 안 되므로 속기 쉽다는 것이다. 그리고 오랜 훈습으로 신념과 믿음이 되어 있고, 잠시 감추어지거나 약화되었다가도 곧 다시 원위치로 되어 자아도취가 자신도 모르게 진행된다.

자아도취 상태이므로 무의식을 의식뿐 아니라 무의식 본인도 모른다. 의식·무의식이 크게 보면 모두 업이긴 하지만, 특히 무의식 같은 무개념의 존재가 현재와 마주할 때는 마냥 무조건 돌출되는 것이 아니라 현재의 왕인 생각의 관리를 받는다. 즉 무의식의 무질서는 생각이라는 질서를 빌려야 비로소 현재에서 제대로 자신을 발현시킬 수가 있다. 그래서 업인 과거가 현재의 영역에서 자신을 원하는 그대로 구현해 나가려고 하면, 어떤 경우는 인식 생각마저 속여야 하는 경우가 자주 발생한다. 그러므로 십이연기에서 두 번째를 차지한 행, 즉 업은 내 안에 있지만 나의 것만이 아니다. 내가 나라고 여기는 것은 현재의식으로 우리가 소위 자아라고 부르는 것이다. 물론 나를 아예 일방통행 기준으로 삼고 과거도 나, 현재도 나라고 여겨도 무방하다. 그놈이 그놈이니까. 이를 테면 물이 바다고 바다가 물이니까.

심리로만 일통하여 인간의 몸과 마음을 보면 육체와 형질은 무의식에 해당된다. 행업과 무의식은 한마디로 하면 우리의 과거이다. 물론 현재에서 경험한 것들도 과거가 되고 무의식이 되지만, 우리가 현재의식을 가지고 쌓은 무의식은 무의식 전체에서 빙산의 일각이다.

생명인 우리의 과거는 태초의 세포 때로 거슬러 간다. 30억 년 이상을 지나오며 현재에까지 도달하였다. 사회·문화적으로 말하면 조상들이며, 과학적으로 말하면 DNA와 기타 육체적인 요소이다. 개인은 개인의 경험만 가지고 있는 것이 아니다. 모든 생명의 진화여정을 압축파일로 또는 육체를 비롯하여 갖가지 형태로 변환시켜, 개인이라는 도서관에 소장하고 있다. 마치 인간들이 언어로 된 책으로 자신들의 인간사와 세상사를 변환시켜 보듯이 말이다.

육체는 변환된 무의식이며 생명책이다. 그러므로 업과 무의식은 개인 안에 존재하는 집단 과거들이다. 그 집단 과거들이 현재의 대낮을 향하고 있는 것이다. 외부에만 집단무의식·군중심리가 있는 것이 아니라, 개인 안에도 이렇게 업으로 또 행으로 존재한다.

나이가 든 사람은 현재의 영역을 많이 살아 아직 어린 자식들을 보면 불안하다. 게다가 남자가 감성이 풍부하여 예술을 좋아하면 부모는 돈 벌기 어렵다고 여기고, 자연계로 가거나 기술을 배웠으면 하는 것이 일반적이다. 요즘같이 고비용 사회가 되어 살아가기 힘든 세상이면 더욱더 그렇다.

사춘기를 지나 개아의식으로 무장한 아이는 자기주장을 하기 일쑤이다. 그러면 어른들은 아이에게 아직 세상물정을 모른다고 구박한다. 아이는 현재의 개아의식이 생겼지만 경험이 부족하여, 자기 멋대로 하려고 하고 자기의 취향대로 하려고 하는 경우가 많다. 아니 어른에게는 특히나 그렇게 보인다.

동양에는 관혼상제冠婚喪祭 중에서 관冠에 해당되는 성인식이 있다. 약관弱冠 20세라는 말은 성인이긴 하지만 현재의 구체성과 개체성·자기 정체성이 아직은 약하다는 말이다. 자신 안의 무수한 과거를 다스릴 현재인식이 생기기는 했으나, 충분히 제대로 확립되지 못했다는 말이다. 즉 경험과 경륜이 일천하다는 말이다. 게다가 사춘기이기도 하여 육체적 변화가 급격히 진행되므로, 무의식과 업의 준동이 남녀의 에로스로 나타나고 또 혈기가 끓어 걸핏하면 싸움질을 하며 타나토스하게 군다. 정신적으로는 현재자아의 주체성이 정립되어 가고, 육체적으로는 과거 업들이 터져 나오니 질풍노도의 시기가 될 수밖에 없다. 그래서 자식을 또 다른 자기라고 여기고 애정을 가진 불안한 부모는 온갖 노력과 경제적 지원을 하면서, 아이의 진로를 자기식대로 바꾸려고 노력한다. 자세히 보면 아이의 업으로 되어 있는 자신에 더 집착하는 것이다. 아이를 자신으로 여기고 있는 것이다.

그러나 아이는 그렇게 생각하지 않고 자신의 업인 과거 부모의 유전을 자기의 현재의식을 가지고 자기식대로 하고 싶어 한다. '내가 왕이다. 섭정은 그만하라'고 외친다. 자연히 충돌이 생겨난다. 여기서 우리는 과거와 현재의 충돌을 본다.

그리고 현재의식과 무의식의 갈등을 본다.

그러나 아이와 부모, 둘 다 오류가 있다. 바로 업과 무의식을 단일이며 자기 것이라고만 생각한다는 것이다. 자세히 보면 과거는 하나가 아니다. 집단이다. 그러나 현재는 하나이다. 자아만 존재하고 자기만 인식되기 때문이다.

그래서 현재가 과거도 자신과 같이 하나라는 착각을 일으킨다. 자신 안에 포함되어 있어 자신의 소유라고 생각한다.

자기 자식이 자기로 여겨진다면 자식의 정체성은 무엇인가? 이 논리대로라면 자기 역시 자신의 조상일 뿐이지 않은가? 그럼 자기라고 내세울 것이 무엇이 있는가?

하지만 우리는 늘 자기가 견고하게 있다고 여긴다.

생명이 존재할 뿐이다. 단지 범주의 문제로 빚어지는 착각과 해프닝에 속고 있다. 집단 과거가 개체 안에 들어가서 하나인 현재와 살고 있는 것이다. 우리의 무의식은 생명이 걸어온 길들이다. 30억 년을 걸어온 것을 10년, 100년이 비록 중앙집권 이라는 강력한 권력을 지녔다 해도 어찌 그리 간단히 이기겠 는가.

무소불위의 왕이라 할지라도 백성을 만고강산 주야장천 볶기만 할 수 있겠는가. 언젠가 왕조는 망하고 백성들은 새 왕조를 세우기 마련이다. 현재의식은 무의식의 백성 위에 떠오른 지금 의 왕조이다. 과거가 현재에 노출되었을 때 잠시 세워지는 왕국이다. 자아도 마찬가지로 현재의 왕이요 왕조이다.

마치 바다 위에 잠시 떠 있는 배처럼 말이다.

물은 배를 띄우기도 하지만 배를 가라앉히기도 한다.

그래서 무의식이 무서운 것이며 통제하기 어려운 것이다.

아이들은 자라면서 누가 가르쳐주지 않아도 서로 사랑의 바다로 뛰어든다. 인간은 누구에게 배우지 않아도 죽음을 무서워한다. 우리의 업은 우리의 인식보다 앞선다.

생사해탈을 지상명제로 삼은 붓다에게는 이러함이 더 눈에 들어오고, 행업이 당연히 중요한 문젯거리가 될 수밖에 없었을 것이다. 다만 앞에서 말한 대로 무의식은 액면 그대로 자기 멋대로 현재를 지속적으로 활보할 수는 없다. 생각과 인식의 안내를 받고 평가를 받고 관리를 받아야 한다.

그래서 우리는 교육에 매진한다. 그리고 잘못하면 무시와 축소와 소멸의 수모를 겪기도 하지만, 잘하면 생각과 인식을 통해 오히려 자신의 의도를 극대화하고 증폭시킬 수 있다. 그런 면에서 자아는 업의 토양에서 선택권을 가지고 현재와 미래의 모습을 만드는 주권자이다.

그러나 분명한 것은 깊은 행업은 인식보다 선행한다는 것이다. 십이연기에서 식識보다 행行이 먼저인 것은 훌륭한 통찰이다. 불교의 십이연기는 이 행식관계行識關係에 대한 이해가 거의 전부라 하여도 과언이 아니다.

한 사람의 인격은 자의식과 공동체의식으로 이루어져 있다. 집단무의식과 이기적인 자기중심성은 이 둘의 어두운 면들이다. 자의식이 긍정적인 주체성이 되고 올바른 역사교육을 통해 건전한 공동체의식이 정립되면, 이런 긍정적인 모색을 통해 그러한 어두운 면에 쉽게 빠지지 않을 수 있다. 자기에 매몰되지 않으면서 무리에도 속하지 않는 빼어난 빛이 비로소 신선한 통합을 이룰 수 있기 때문이다.

이 과정에서 가장 중요한 요건은 한 개인이 자신 안에 있는 집단과거인 업과 현재 자신의 개아의식을 어떻게 보는 것인가 하는 점이다. 양날의 칼과 같은 자신의 과거와 현재를 어떻게 다스릴 것인가 하는 점이다.

붓다는 현재 의식이 갖고 있는 번잡한 생각을 고요히 하고 무의식이 지닌 욕구와 충동적 느낌에서 희로애락을 배제한 무욕의 순수 필링, 선악미추를 떠난 '청정한 감지', 즉 관觀으로써 현재의 개아를 초탈하고 과거의 집단 무의식 업행을 진정시켜 두 마리 토끼를 동시에 잡았다. 대멸종을 이루고 적멸위락寂滅爲樂하였다. 그리고 행아行我를 차례로 넣은 사자성어, 제행무상 제법무아 열반적정(諸行無常 諸法無我 涅槃寂靜)이라고 설하며 삼법인三法印이라고 명명하였다.

임금이 자신을 상징하며 옥새를 찍듯이 깨달음과 바른 법法을 상징하는 법의 도장(法印)이라고 한 것이다. 한 개인이 과거와 현재를 초탈하여 대자유를 성취한 증명이요 잣대인 셈이다.

2. 자유를 구속하는 힘, 카르마(업)

무엇이 자유를 구속하는가?

다시 되살펴보고 더 깊이 알아보자.

우리의 경험, 불교에서는 업業이 자유의 방해꾼이다.

업을 부정적 개념이라고만 여기는데 물론 그런 면이 많다. 그러나 죄와는 다르다. 업은 카르마, 즉 행위라는 말로 경험의 축적이다. 직업이라는 말에 사용되는 것을 보면 잘 알 수 있다. 물리학에서는 관성의 법칙이다. 행위이면서 행위를 하던 방향으로 계속 진행하려고 하는 속성이다. 곧 행위와 행위의 진행을 모두 포괄하는 말이다. 업의 문제점이 여기에 있는데 멈추려면 애를 써야 되고, 자신의 범위와 진행방향을 한정한다는 것이다. 자연히 한정에 의한 부자유와 구속이 발생하게 된다.

이것을 통칭한 말이 경험이다. 육체적·심리적으로 안 좋은 경험이 있는 사람은 그 경험에 구속된다. 흔히들 외상 후 스트레스, 트라우마라고 말하는 것이다.

그러므로 자유를 위해서는 경험으로부터의 자유가 필요하다. 거두절미식 표현이지만 경험이 미치지 않는 영역이라야 진정한 프리존, 자유의 영역이라고 할 만하다. 그런데 업에 양면성이 있다고 하듯이 경험 역시 양면이 있다. 경험을 벗어난다는 것은 마치 헤엄을 배워본 적이 없고 물을 본 적이 없는 사람이 바닷물을 만난 것과 같고, 열대지방의 사람이 시베리아에 선 경우이며, 산 자가 유령을 만난 격이다.

우리는 업을 부정하면서도 업으로 살고, 구속을 싫어하면서도 서로의 관계성을 중시한다. 소셜 네트워크의 만연만 보더라도 쉽게 알 수 있다. 그럼 무소의 뿔처럼 혼자서 갈 수는 없는가? 경험이 미칠 수 없는 곳에 도달할 방법은 없는가?

단도직입으로 말하면 경험을 버리거나 고요히 하면 된다. 어렵지만 이것 이외에는 달리 방법이 없다. 세상에 횡행하는 모든 사유법과 수행법이 사실은 이것에 기초한다. 불교도 마찬가지이다. 정신과 육체라는 경험덩어리들을 진정시키는 방법을 통하여 불교는 목적을 달성하고자 하였다. 앞에서 말한 구차제선정이 대표적이다. 사유의 한계를 일찌감치 눈치 챈 것이다. 사유는 최고의 업이다. 왜냐하면 그 구속력이 최고이기 때문이다. 우리의 몸은 깨어 있을 때 자신의 의식을 따를 수밖에 없다.

손을 들라 하면 손을 들어야 하고 다리를 내리라 하면 다리를 내려야 한다. 중세의 왕과 같은 존재가 마음이다.

그리고 몸뿐만 아니라 감각과 행위까지도 모두 관장한다. 이념이 다르고 종교가 다르면 서로 비난하기를 손쉽게 하고 심지어 목숨까지 불사하기도 한다. 수많은 전쟁이 이를 증명한다. 그러므로 의식은 인간을 만물의 영장으로 만들 만큼 강력한 것이지만, 역설적으로 업도 깊고 구속력도 심하다.

최고업인 셈이다. 불교에는 삼업三業이 있는데, 신구의身口意 세 가지 업을 말한다.

구업은 입의 업으로 주로 언어와 감정의 업이며, 신업은 몸의 업이다. 우리가 낮에 팔을 움직인다면 이것은 몸이 움직이는 것이 아니라 정신이 움직이는 것이다. 정신이 깨어났기에 움직일 수 있는 것이다. 식물인간을 생각해 보면 쉽게 알 수 있다. 그리고 우리가 잘 때 보면 몸은 가만히 있다. 이처럼 몸은 움직이기를 싫어하거나 움직임이 둔하다. 몸은 돌과 같이 움직임이 부족한 상황이고 자연히 움직이기 어려운 업을 갖는다. 그래서 몸의 업을 소멸하기 위해서는 움직여주어야 하고, 이것이 절에서 절하는 것이 되었다. 구업도 역시 업이 있는데, 나쁜 말과 속이는 말 등등의 업이 있어 좋은 말·진실한 말 등으로 업을 소멸한다. 그래서 경전과 주문을 읽거나 거룩한 명호를 부르는 염불을 한다. 불교 외에 다른 종교에서 예수나 알라를 부르는 것도 모두 이에 속한다.

마지막으로 생각의 업은 움직이기 싫어하는 육체를 움직이기 위해, 왕과 같은 강력한 조직력과 권력을 갖고 있기 때문에 자기 멋대로 하는 업이 있다.

의식은 한 번 깨어나면 잠들어 권좌에서 내려오고 떨어질 때까지 폭주족처럼 질주한다. 그래서 깨어 있을 때 생각을 고요히 해보려고 하면 마치 상추잎처럼 뜯고 또 뜯어도 계속 돋아나는 것을 볼 수 있다. 좌선을 해보면 이러함을 더 역력히 알 수 있다. 이러함을 불교에서는 여폭류如瀑流라고 하는데, 마치 폭포수가 거칠게 흐르듯 중간에 끊을 수가 없다는 말이다. 생각의 업은 멈추지 못하는 것이요, 불꽃처럼 계속 타오르는 것이다. 그러므로 마음을 고요히 하는 좌선이나 명상을 해야 한다. 절에 가면 명상에 든 부처상 앞에서 절을 하며 염불한다. 이것은 명상과 절과 염불이라는 업장소멸의 행위를 일시에 하는 것이다. 불교적 의례이지만 알고 보면 누구든지 절에 오기만 하면 자동적으로 자기도 모르게 업장소멸의 길을 가도록 마련된 행법이라고 하는 것이 더 정확하다.

3. 자유와 해탈의 여정

업 가운데에서 가장 깊고도 강력한 것이 심업心業으로, 쉽게 다스리기 어려운 것이다. 이 마음의 업을 제대로 다스려야 업을 온전히 초탈했다고 할 수 있어, 역대로 큰스님과 눈 밝은 스승들이 대부분 여기서 나왔다.

절에 가면 벽화에 십우도 또는 심우도라고도 하는 소그림이 많이 보인다. 소는 마음을 가리키는 것으로 마음을 보고 마음을 깨닫는 여정을 10개의 그림으로 표현한 것이 십우도十牛圖, 또는 소를 찾는다는 심우도尋牛圖이다. 마음이 잘 안 보이는 무형지물이며 또 그 상태를 알기가 어려우므로 소로 표시하여 알려주는 것이다.

이 십우도 10개 그림 중에 최후의 그림이 있는데 그냥 평범한 일상이다. 그 옆에 그 그림에 대한 게송이 쓰여 있는데 한번 소개하고자 한다. 입전수수入廛垂手, 즉 시중에 들어가 솜씨를 나타낸다는 마지막 구절은 행불行佛의 자유자재함과 해탈의 기쁨을 노래한 것이다.

노흉선족입전래露胸跣足入廛來

말토도회소만시抹土塗灰笑滿顋

불용신선진비결不用神仙眞秘訣

직교고목방화개直教枯木放花開

시장거리에 맨가슴을 드러내고 맨발로 다니며

흙먼지 덮어써도 언제나 웃음일세.

신선의 비결이 무슨 소용이 있는가.

늙은 나무에 곧바로 꽃이 피네.

위에 게송에서 보듯이 마음의 자유는 불교의 목적이다.

불교는 이 자유를 획득하기 위해서 분리의 방법을 주로 택하는

데 이것을 이해라고 한다. 이해離解는 '떨어져서 이해한다'는

뜻으로 세상과의 분리를 위해 출가하고, 수행시에 관조적 자세

를 중시하는 것이 대표적이다. 불가佛家에서도 역시 이것을

좌우명으로 삼는다. '자유는 우리의 목적이고 분리는 우리의

방편이다.'

무소의 뿔처럼 혼자서 길을 걸으며 자유의 행진을 하는 것이다.

근대 이후 의식에 대해 탐구한 데카르트 이후의 철학자들도

이 길을 걸어 왔다. 근대철학의 아버지라고 교과서에 수록된

데카르트의 철학도 한마디로 하면 자유의 연금술이라고 하고, 자유·평등·박애라는 프랑스 근대사상의 머리도 자유이다. 인간의식에 대한 탐구와 자유를 향한 걸음이 프랑스 혁명을 가져왔고, 오늘날까지 이어지며 휴머니즘이라는 근현대의 시대정신이 되었다. 서구에서는 데카르트를 시작으로 사유의 최초 빅뱅을 보았지만, 선은 사유마저 버린 무아지경으로 곧바로 뛰어들었다. 물론 좌선하기 위해 앉아 있어 보면 이것은 백만대군을 물리치기보다 어렵다. 우스갯소리로 생각의 군사는 백만대군이 아니라 무량이기 때문이다.

호흡을 묵묵히 관하면서 이 생각들에서 벗어나 순수 관조자로 남는 것이 초기불교의 선이다. 이와 다르게 중국과 해동에서는 의심하고 의심하면서 화두를 타파하는 방법인 간화선이 행해졌다. 데카르트도 의심의 방법을 멀리 떨어진 서방에서 홀로 저절로 사용하여 명제에 도달하였다.

둘의 목적은 같은데 선은 직접적으로 사유 이전을 보는 것이다. 생각의 구속력을 벗어나기 위해서이다. 그리고 그곳에서 자유와 해탈을 말한다. 경험과 현실과 조건에 서서 백날을 이야기해도 당체, 즉 본지풍광과는 십만 팔천 리라. 오직 당체에 서서, 본체에 서서, 본심에 서서 절대자유에 대해서만 얘기하였다.

이것이 간명하고 이것이 중요하다. 이것을 직지인심直指人心이라 한다.

이런 일들을 기록한 것이 후에 세계 최초의 금속활자본이 되었는데 바로 직지심체요절, 즉 『직지심경』이다.

직지인심 앞뒤에 한 구절씩 더 있는데, 앞에는 불립문자不立文字가 있고 뒤에는 견성성불見性成佛이 있다. 모두 해석하면 "문자를 세우지 아니하고 곧바로 마음을 가리켜서 본성을 보아 부처를 이룬다"이다. 오늘날 한국 조계종의 대종지요, 공식 플래카드이다. 1조 달마부터 6조 혜능을 거쳐 심즉불心卽佛의 마조와 임제선사로 이어지는 도도한 흐름이 모두 이것에 바탕한다.

지금부터는 선사들의 문답을 살펴보며 어떻게 본지풍광을 드러내고 자유를 외쳤는지 보고자 한다.

부딪히는 곳마다 평화요,

머무는 곳마다 행복이요,

행하는 것마다 무한생명(온 생명)의 절대자유로다.

아느냐? 이 일을!

동쪽 하늘에 해와 달을 띄우고

만리 흐르는 강물을 바라보도다.

4. 자유를 설파한 역대 선사들의 비화

❀ 임제

옛 사람들이 말한 임제종의 종풍을 소개한다.

임제종의 가풍은 맨손에 칼 한 자루를 들고 부처를 죽이고 조사를 죽인다. 옛날이나 지금이나 근본 뜻을 판단하고, 주인과 손님의 관계에서 용인지 뱀인지를 알아내고, 나무 같기도 하고 풀 같기도 한 대나무정령을 싹 쓸어버리며, 금강보검으로 썩은 나무에 붙어사는 허깨비들을 제거한다. 위풍당당한 사자의 한 번의 포효소리로 여우의 뇌를 찢고 살쾡이의 염통을 찢어버린다.

임제종풍을 알고자 하는가?

적수단도 살불살조(赤手短刀 殺佛殺祖)

청천굉벽력 평지기파도(青天轟霹靂 平地起波濤)

시임제종풍야(是臨濟宗風也)

맨손에 짧은 칼을 쥐고

부처를 죽이고 조사를 죽인다.

푸르른 하늘에 날벼락이 떨어지고
평평한 땅에서 큰 파도가 일어난다.
이것이 임제종풍이다.

오늘날 조계종은 선종으로 임제종의 맥을 잇는다.
중국에서도 최후로 임제종이 있었고, 일본에서도 제1종은 조동
종이지만 제2종이 임제종으로, 관음보살이 기도 영역을 평정했
다면 임제는 선의 영역을 천하통일하였다.
그의 깨달음 과정이 실로 놀라워 그 과정을 소개하면서 불교의
선이 무엇인지 탐색해 보고자 한다. 당대 최고의 스승이었던
황벽스님의 문하에서 열심히 공부하던 성실한 임제는 늘 스승에
게 매를 맞았다. 요즘으로 말하면 범생이었던 그는 노력에
비해 진전이 없었다. 어느 날 또 스승에게 도를 묻다가 매를
맞았고 이번에는 때리던 스승이 지쳐 내쳤다.
"너는 안 되겠다. 대우스님께 가거라."
달마 이후의 불법의 정맥을 이은 최고의 선지식 밑에서 모범적
으로 열심히 공부했건만, 오히려 스승으로부터 내침을 받고
딴 사람에게로 가게 된 임제의 모습은 처참하기 그지없었다.
하지만 스승의 명이라 범생이답게 대우스님에게 갔다.

임제를 본 대우스님이 "너는 황벽스님의 수제자 임제가 아니냐? 어찌하여 여기 왔느냐?"

임제가 처연한 목소리로 답하였다.

"스승님께 도를 묻기만 하면,

제게 무슨 허물이 있는지 때리기만 하십니다."

그 얘기를 묵묵히 듣고 있던 대우스님이 다시 물었다.

"너는 왜 꼭 스승이 네게 허물이 있어서 때렸다고만 생각하느냐?"

그리고 대우스님도 곧장 임제를 패기 시작하였다.

잠시 후 허리를 구부리고 고개 숙여 그렇게 맞고 있던 임제가 갑자기 두 다리를 땅에 굳게 딛고 일어서며, 대우스님의 옆구리를 쥐어박으면서 한마디 하였다.

"도가 별것 아니구먼."

이 일어남과 소리가 후에 사자후가 되어 천하를 석권하였다. 임제와 대우스님도 대단하지만 대우스님에게 보낸 스승 황벽의 혜안이 놀랍다. '도가 별것 아니구먼'의 원문은 '황벽불법무다자 黃蘗佛法無多子'인데, 자식이 많지 않으면 중국에서는 별것 아닌 취급을 하고 자식이 많고 번창한 것을 대단하게 여겨 '도가 별것 아니구먼'이라고 번역한다.

어째서 당대 최고의 스승 밑에서 깨치지 못한 임제가 변방의 선승 대우스님에게서 깨쳤을까?

두들겨 패는 것에 주안점이 있는 것이 아니라, '왜 꼭 허물이 있어서 스승이 때렸다고 생각하느냐?' 하는 대우스님의 말에 핵심이 있다. 범생이었던 임제는 늘 자신의 잘못을 보았고, 그런 죄의식과 업심이 오히려 자신을 자승자박하고 있었다. 또 온전한 주체로서의 자신을 보는 것을 방해하였다. 깨닫고 난 뒤의 임제는 후일 '무엇이 부처입니까?' 하고 물으면 '네 자신이 바로 부처다'라고 말하였고, '정진이 도리어 무간지옥으로 가는 길이다'고 하였다. 뒷머리를 보려고 하는 자가 마치 계속 뒷머리를 보기 위하여 계속 끊임없이 고개를 돌리는 것과 같은 셈이다.

'추호도 바깥을 좇지 말라, 그리하면 도가 역력하다'고 한 그의 사자후는 수행의 골수가 되었다.

요즘『미움받을 용기』라는 제목으로 히트를 치고 있는 아들러의 주체와 용기의 심리학과 일맥상통한다.

옆길로 좀 가서 붓다와 임제는 프로이드와 아들러에 비견된다. 프로이드는 이전에도 가물가물 짐작하고 있던 무의식의 존재를 수많은 상담과 그 데이터로써 과학적으로 증명한 최초의 심리학자이다. 프로이드가 본 무의식은 에로스와 타나토스로 되어 있는데, 에로스는 생존본능이고 타나토스는 파괴본능이다. 달리 말하면 할리우드 영화의 두 줄기인 성과 폭력이고, 간단히 말하면 생과 사이다. 불교의 목적이 생사대사를 해결하는 것인데, 현대 심리학으로 말하면 무의식을 초탈하는 것이다. 붓다가 문제 삼고 또 보았던 생사문제가 프로이드에게도 큰 문제였던 것이다. 불교와 심리학 모두의 관심은 마음의 병에 있다. 그래서 경전에 부처님을 '의왕醫王'이라고도 하는 것이다. 마음의 병을 고쳐 마음이 안락하고 평안한 경지를 얻도록 하는 것이 모두의 목적인데, 그렇게 하기 위해서는 마음이 어떤 것인지 알아야 하고 마음을 고통에서 벗어나게 해야 한다.

마음이 무엇인지, 마음의 고통을 어찌해야 제거할 수 있는지는 경전과 선사들의 문답 속에서 찾아볼 수 있다. 조계종의 주 텍스트인 『금강경金剛經』은 '마음을 어떻게 항복받을 수 있겠습니까?'라는 질문으로 시작한다. 그리고 그 답으로 '머무르는 바 없이 그 마음을 내어라', '정해진 바가 없다'는 무유정법無有定法이라는 가르침을 준다.

그리고 이름과 형상에 빠지거나 속지 말라고 한다. 이것을

『금강경』의 핵심을 말해준다는 사구게四句偈로 거듭 강조한다.

약이색견아 이음성구아(若以色見我　以音聲求我)
시인행사도 불능견여래(是人行邪道　不能見如來)

만약 색신으로써 나를 보거나
음성으로써 나를 구하면,
이 사람은 사도를 행함이라.
능히 여래를 보지 못하리라.

이것을 좀 더 실감나게 이야기하려면 예화가 필요하다.
라디오에서 심리학책을 소개하면서 실제로 있었던 사례를 짧게
소개해준 적이 있다. 어느 초등학교 고학년 아이가 정신병
증세가 있어 부모가 정신병원에 입원을 시켰다.
6개월 후 돌아온 아이는 그로부터 집 밖을 나가지 않고 15년간을
집에서만 살았다. 부모는 아이의 정신병이 더 악화되어 그런
줄 알았다. 그래도 중간 중간 상담사가 와서 상담을 했는데
책의 저자가 아이를 상담하게 되었다.
상담하다 보니 아이 안에 엄청난 분노가 있었다. 그런데 그

대상이 가족관계인 부모여서 울화를 표출하지 못했고 분노의 대상을 적으로 돌려 공격하지 못하였다. 그래서 아이가 취한 행동이 집 밖을 나가지 않고 청춘을 집에서 보내는 것으로 부모에게 복수하는 것이었다. 상담자가 그 원인을 살펴보니 15년 전의 정신병원 입원 때문이었음을 알았다. 이에 부모와 자식을 모두 모아놓고 상담을 진행하여 아이의 병을 치료할 수 있었다.

여기서 우리는 주목해야 할 것이 있다. 이미 15년 전에 저질러진 일이라, 부모가 정신병원에 자식을 넣은 사실은 바꿀 수가 없다.

그럼 무엇을 바꾸고자 하는가? 마음을 바꾸고자 하는 것이다. 실제로 같이 상담한 결과 정신적으로 부족하고 예민하던 아이는 부모님이 자신을 귀찮아서 정신병원에 버렸다고 여겼고, 부모는 아이의 정신병을 사신들이 어찌해야 할지 몰라 좀 더 전문적인 치료기관에 보내서 치료해야 더 낫기가 쉽다고 여긴 것이었다. 상담을 통해 그러한 것들을 서로 알게 된 부모와 아이는 화해하고 관계가 다시 좋아졌다.

15년 전 정신병원에 들어간 사실은 과거가 되어 바꿀 수 없지만, 각자의 생각에 매몰되었던 이전의 마음은 상담을 통해서 바뀌었다. 이처럼 마음은 사실과 달리 경계에 절대적으로 구속되지 않으며, 변화가 가능하고 이동이 가능하다. 그런데 우리는 자신만의 관념과 선입관과 잣대로 집착하여 고정시켜 버린다. 큰 사건이나 치명적인 일을 당하면 이러한 경향은 더욱 강해져 상처가 되어 마음을 묶어 버리고, 묶인 그 마음의 말뚝에 매여 벗어나지 못하고 뱅뱅 돈다.

외상 후 스트레스나 트라우마가 그런 것들이다. 자라 보고 놀란 가슴 솥뚜껑 보고 놀라는 것이다.

이것들은 자신에게 고통을 유발하고 그릇된 견해에 사로잡히게 하고 이상한 행동을 하게 한다. 붓다가 '고苦는 집착에서 발생한다'고 한 사성제四聖諦를 인용하지 않더라도, 우리 주변에서 흔히 볼 수 있는 일이다.

그런데도 우리는 그 집착에서 벗어나지 못한다. 그러한 속박에서 벗어나려면 먼저 마음이 이동 가능한 것임을 알아야 한다. 『금강경』의 표현으로 '무유정법無有定法'이나 과거심불가득 현재심불가득 미래심불가득(過去心不可得 現在心不可得 未來心不可得)인 것이며, 머무르는 바 없이 그 마음을 내는 것이다. 경전처럼 선사들의 문답도 이것에 기초한다.

선문답 속에는 마음의 이동과 더불어 한 발 더 나아가 마음이 근본적으로 자유롭다고 하는 본연의 입장을 강조한다. 이것을 본지풍광本地風光이라고 한다. 선사들은 매정할 정도로 경계에 물든 마음이나 조건에 빠진 조건심을 배제하고 오로지 본마음만을 말한다. 그래서 비약이 있고 경계와 조건에 물든 마음에서는 그 말이 쉽게 수긍이 가지 않는다.

쉽게 수긍이 가지 않으므로 선사를 믿는 마음이 있는 제자는 의심이 생기게 된다. 이 문답을 공안公案이라 한다. 그리고 그 공안을 참구하여 수행방법으로 삼으면 화두수행이 되는데, 이것을 간화선看話禪이라고 한다.

지금부터 1조 달마부터 6조 혜능까지 선사들의 문답을 살펴보며 어떻게 본마음을 드러내었는지 살펴보자.

달마와 혜가

양梁 무제와의 만남에서 실망한 달마스님은 자신의 법을 이해할 사람이 없음을 개탄하고 인연을 기다리며 소림사에서 오직 면벽수행으로 일관하였다. 그때 후에 달마의 법을 이어 2조가 될 혜가가 찾아왔다.

달마스님이 응하지 않자 팔을 잘라 바쳤다고도 하고 오다가 도적에게 잘렸다고도 하는데, 어찌되었건 팔을 잘린 혜가의 구법求法에 달마가 응하게 된다. 후일 소림사 스님들이 한 팔만을 들어 손바닥을 세우고 인사를 하게 되는데, 이 한 손 인사법이 법을 위하여 팔을 버린 혜가스님을 기리는 것이다.

혜가스님은 나중에 달마의 참선법을 이어 후학을 가르치다가 말년에 시장바닥에 나가 요즘 말로 하면 막노동을 하며 지냈다. 그를 알아본 어떤 사람이 '큰스님께서 어찌 이리 누추한 시장바닥에서 잡배의 일을 하십니까?' 하니, '요 마음이 잘 길들지 않아서 길들이고 있는 중일세'라고 할 정도로 겸손하였다. 그러한 대스승도 예수처럼 죽게 되는데, 기존 불교를 불교의 전부인 줄 알고 그의 마음수행을 요상한 것으로 여긴 스님과 사람들에 의해 처형되었다. 지금은 참선이 불교의 정수인 줄 누구나 알지만 그때는 그렇지 못하였던 것이다.

이러한 혜가스님의 희생 때문에 생겨난 사자성어가 있는데 바로 '위법망구爲法忘軀'이다. 소위 '법을 위해 몸과 목숨을 버린다'는 말로, 오늘날 조계종 총무원장 취임식에서 정치를 좋아하는 총무원장이 단골로 하는 말 중의 하나가 되었으니 아이러니가 아닐 수 없다.

이렇게 불문에 들어온 후에 큰 자취를 남겼고 절에 들어오기 전에는 유불선 모두에 정통했던 혜가스님과 달마스님의 첫

대면을 다시 살펴보자.

혜가가 달마스님께 여쭈었다.
"제 마음이 심히 불안합니다. 스님께서 편안케 해주십시오."
달마가 혜가를 보고 말하였다.
"불안한 마음을 가져 오너라. 너를 위해 편안케 해주마."
혜가가 헤매다가 대답하였다.
"마음을 아무리 찾아도 끝내 찾을 수가 없습니다."
이에 달마가 곧바로 말하였다.
"내 너를 위해 마음을 편안하게 한 것이 끝났다."

실로 간단한 문답인데 불교의 모든 것을 담고 있다.
일반인이 보기에 마지막 말에 비약이 있지만, 달마는 오직
본마음에 서서 일러 준 것이다. 경계와 조건에 매인 불안한
혜가의 마음은 빛 앞의 아지랑이같이 날아가고 깨달음의 봄빛,
각춘覺春만 가득한 가운데 혜가의 마음은 평안을 얻었다.
이 문답으로 인해 불교를 '마음을 편안하게 하는 법의 문'이라는
의미인 '안심법문安心法門'이라고 부르게 되었다. 흔히 절에 가
면 '안심문安心門'이라고 쓰인 현판이 종종 있는데 바로 이 안심

법문의 줄임말이다.

🍵 혜가와 승찬

이렇게 깨달아 법을 펴고 있던 혜가스님에게 문둥병 환자가
한 사람 찾아왔다. 바로 뒷날 3조 승찬이다. 문둥병 환자였던
승찬은 몸의 병 때문에 마음이 구속되어 괴로워하고 있었다.
혜가대사가 설법한 지 14년이 지났을 때 아직 사회 사람으로
거사인 승찬이 찾아온 것이다. 그리고 혜가스님을 보자마자
물었다. "제자는 풍병(風病, 문둥병)을 앓고 있으니 화상께서
제자를 위하여 참회해 주십시오." 혜가가 말하였다.

"그대는 죄를 가지고 오너라. 죄를 참회해 주리라."

"죄를 찾아도 찾을 수가 없습니다."

"그대의 죄는 참회가 끝났다. 그대는 그저 불·법·승 삼보에
의지하기만 하라."

"세상에서 어떤 것이 부처이며, 어떤 것이 법입니까?"

"마음이 부처요 마음이 법이니, 법과 부처가 둘이 아니니라.
그대는 알겠는가?"

"오늘에야 비로소 죄의 성품이 안과 밖과 중간 어디에도 있지
않은 줄 알았습니다. 마음이 그렇듯이 법과 부처가 둘이 아닌

줄도 알았습니다."

혜가는 그가 법기法器인 줄 알고 곧 머리를 깎아 주며 말하였다.

"그대는 나의 보배요 승보僧寶이니 승찬僧璨이라 하라."

이후 승찬은 문둥병이 나았다.

이 문답에서 보이듯이 달마와 혜가의 문답과 서로 유사하다.

🍃승찬과 도신

승찬이 3조로 선법을 펴고 있을 때, 어린 스님인 사미승이 한 사람 찾아왔다. 후에 4조 도신스님이 된다.

"무엇이 불심입니까?"

사미의 당돌한 물음에 승찬은 깜짝 놀랐다.

잠시 후 승찬은 그에게 되물었다.

"지금 네 마음은 어떠냐?"

어린 도신은 승찬의 물음에 거침없이 대답하였다.

"저는 지금 마음이 없습니다."

"네가 마음이 없는데, 어찌 부처님께 마음이 있겠느냐?"

도신은 아무 말이 없었다.

그리고 잠시 후 말하였다.

"제가 해탈할 수 있는 법문을 일러 주소서."

"해탈이라니, 누가 너를 묶었더냐?"

"…… 아무도 묶지 않았습니다."

"묶은 이가 아무도 없다면 너는 이미 자유인이 아니냐? 어찌하여 다시 해탈을 구하느냐?"

이 문답에서는 좀 더 선명하게 본지풍광에 서서 얘기해 주는 것을 느낄 수 있다. 누가 너를 묶었더냐?

사실 마음의 구속은 대부분 자승자박이 많다. 스스로 중생이라 규정하고 스스로 자유롭지 못하다고 여기며 스스로 부처가 아니라고 단정한다.

🌿 도신과 홍인

4조 도신스님 뒤에 5조가 홍인스님인데, 홍인스님은 풍무산 동산東山에 주석하며 법을 폈기 때문에 동산스님으로 더 잘 알려져 있다.

5조 홍인스님에 이르러 선법이 널리 퍼지게 되어 그의 법문을 동산법문이라고 부른다. 성철스님의 은사스님인 범어사 조실 스님의 법명이 동산스님인데 바로 홍인스님의 동산이다.

홍인은 영리하여 어려서부터 신동이라는 말을 자주 들었으며, 동네 사람들은 그를 무성無性이라고 불렀다. 하루는 4조 도신스님이 황매현으로 볼일이 있어 가던 중, 길에서 한 어린아이를 만났다. 그 아이의 골상이 남달리 빼어났으므로 도신이 그 아이에게 물었다. "너의 성姓이 무엇이냐?"

무성이 대답하였다. "불성佛性입니다."

도신은 기특하게 여기면서 다시 물었다.

"너는 무성이 아니더냐?"

이에 대하여 무성이 대답하였다.

"불성은 공空하기 때문입니다."

도신은 그 아이가 큰 법의 그릇이 될 것임을 알고 부모의 허락을 얻어, 12살의 어린 무성을 제자로 삼고 불명佛名을 홍인弘忍이라 지어주었다. 도신의 법을 이은 홍인은 스승의 입적 후 도량을 쌍봉산 동쪽의 풍무산馮茂山으로 옮긴다. 이후 사람들은 도신이 주석한 쌍봉산을 서산西山이라 불렀고, 홍인이 주석한 풍무산을 동산東山이라고 불렀다. 홍인은 동산에서 700명의 제자를 가르쳐 크게 선풍禪風을 진작하였다. 홍인은 선천적으로 말이 적고 소박하였다. 이러한 성정처럼 홍인스님의 동산법문 요지는 '천 개의 경전과 만 개의 논을 읽고 능통한 것보다 자신의 본마음을 지키는 것이 더 낫다'이다.

이것을 '수본진심守本眞心'이라고 한다.

🦋홍인과 혜능

이 홍인스님의 문하門下에는 신수스님이라는 걸출한 스님이
수제자로 있었다. 홍인스님이 말년에 법을 전하고자 공개질의
를 했는데, 모두 그동안 공부한 것에 자신이 있으면 벽에 게송으
로 적어보라고 하였다. 감히 누구도 적지 못하는데 신수가
적었다.

사실 신수의 눈치를 보느라 다들 적지 못한 것이었다.

신수神秀의 게송을 소개한다.

身是菩提樹(신시보리수) 몸은 보리수요

心如明鏡臺(심여명경대) 마음은 명경대와 같으니,

時時勤拂拭(시시근불식) 항시 부지런히 털고 닦으며

勿使惹塵埃(물사야진애) 먼지와 티끌이 끼지 않게 해야 하리.

사람들이 모두 탁월한 게송이라고 말할 때, 글을 모르던 혜능이
읽어 달라고 하여 들어 보니 자신의 마음과 달랐다. 그래서

자신이 말을 해볼 테니 옆 사람에게 좀 적어달라고 하였다.
후일 천지를 진동시키는 게송이다.

菩提本無樹(보리본무수) 깨달음은 본래 나무가 아니요

明鏡亦非帶(명경역비대) 거울 또한 명경대가 아니네.

木來無一物(본래무일물) 본래 한 물건도 없는데

何處惹塵埃(하처야진애) 어디에 티끌이 끼고 먼지가 앉겠는가.

누가 보아도 범상치 않는 게송이라 대중이 웅성거렸다.
홍인스님이 그 광경을 보고 두 게송을 본 뒤, 혜능의 게송은
법을 모르는 소리라고 일축한 뒤 지워버렸다. 그리고 스님이
되기 위해 아직 행자생활을 하며 방아를 찧고 있던 혜능에게
몰래 찾아가 머리를 세 번 두드리고 사라진다. 혜능이 삼경에
입실하라는 뜻임을 간파하고 찾아가니 홍인스님이 『금강경』을
설해주었다. 거기서 혜능이 온전히 깨치게 되는데 그때의 게송
이 이러하다.

하기자성본자청정何期自性本自淸淨
하기자성본불생멸何期自性本不生滅

하기자성본자구족何期自性本自具足
하기자성본무동요何期自性本無動搖
하기자성능생만법何期自性能生萬法

성품이 어찌 본래 스스로 청정한 것임을 알았으리까!
성품이 어찌 본래 스스로 생멸없음을 알았으리까!
성품이 어찌 본래 스스로 구족함을 알았으리까!
성품이 어찌 본래 스스로 흔들림없음을 알았으리까!
성품이 어찌 능히 만법을 내는 줄 알았으리까!

글도 모르는 일자무식이 불법의 지고한 요의了義를 행자 때 깨치는 놀라운 일이 벌어진 것이었다. 그래서 신수를 비롯하여 그동안 뼈 빠지게 공부한 스님들이 시기할까봐, 몰래 깨달음을 전할 때 주는 (승복)가사와 바리때(공양그릇)인 의발衣鉢을 전하여 문중에서 나가게 한다. 그리고 홍인스님 본인은 대중에게 자신의 법을 혜능이 가져갔음을 밝히고 곧 입적한다.

아니나 다를까 시기하는 무리가 쫓아가 의발을 뺏으려고 하였고, 혜능이 이를 주었지만 결국 가져가지 못하였다. 혜능은 그 후에 보임이라고 해서, 깨달음을 안고 사냥꾼의 무리 속에서

섞여 살기를 16년간 하였다.

일반적으로 선사들의 일대기를 기록한 책을 '조사어록'이라고 하여 이름 뒤에 '록錄'자를 붙인다. 중국 천하를 석권한 임제의 경우도 단순히 『임제록』이라 한다.

그러나 혜능의 일대기를 기록한 어록은 『육조단경』이라 하여 부처님의 설법과 동격으로 '경經'이라고 지칭 받는다. 둔황에서 『육조단경』이 발견되어 후일에 세상을 놀라게 하였다.

그리고 오늘날 조계종의 '조계曹溪'라는 말이 6조 혜능에게서 비롯되었다. 이런 선의 슈퍼스타인 혜능에 대해 좀 더 자세히 알아보자.

혜능은 홀어머니를 모시고 나무를 해다 팔며 가난하게 살고 있었다. 어느 날 나무를 팔러 갔다가 '마땅히 머무는 바 없이 마음을 내라(應無所住 而生其心)'는 『금강경』의 한 구절을 듣고, 마음이 밝아지고 문득 깨달은 바가 있어 5조 홍인대사(弘忍, 601~675)가 법을 펼치고 있는 동산법문을 찾아간다.

그를 만난 홍인대사가 물었다. "너는 영남사람으로 오랑캐인데, 어찌 감히 부처가 될 수 있단 말인가?"

"사람에게는 남북이 있으나, 불성에는 남북이 없습니다. 오랑캐의 몸으로는 화상과 같지 않으나, 불성에서 보면 무슨 차별이 있겠습니까?" 예전에 홍인대사도 어릴 때 4조 도신대사(道信, 580~651)를 만났는데 도신대사가 물었다.

"성이 무엇이냐?"

"성이 있으나 예사 성이 아닙니다."

"어떤 성이냐?"

"불성佛性인 성입니다."

이렇게 답했던 홍인대사는 바로 혜능의 근기를 알아보고 공부의 길을 허락하였다. 홍인의 동산법문은 '문자를 세우지 않고(不立文字) 자기 마음을 바로 보면 부처가 된다'는 것이었다.

혜능은 글자를 모르지만, 부처님의 가르침을 구할 수 있다고 믿고 여덟 달 동안 묵묵히 방아 찧는 일을 하였다.

그리고 후에 깨닫고 동산문중에서 나와 보임保任하던 중, 한 야단법석野壇法席을 지나가게 되었다. 인종법사가 『열반경』을 강의하던 그 자리에는 깃발이 세워져 있었다. 혜능은 그 수업에 참여하여 인종법사의 강의를 듣고 있었는데, 그때 바람이 불어 깃발이 나부꼈다. 그것을 보고 있던 사람들 사이에 '바람이 흔들린다' '아니, 깃발이 흔들린다'로 의견이 분분하였다. 그때 인종법사가 대중에게 물었다. "너희는 모두 바람이 깃발을 흔들리게 하는 것을 본다. 꼭대기에 깃발이 흔들리는가?"

대중은 '바람이 부는 것을 봅니다'라고 하였다.

어떤 이는 '깃발이 흔들리는 것을 봅니다'라고 하였으며, 또 어떤 이는 '흔들리는 것이 아니라 흔들림을 보는 것입니다'라고 하였다. 그때 그 말들을 듣고 있던 혜능스님이 '너의 마음이 흔들리는 것이다'라고 하였다. 인종법사가 크게 놀라며 알아보니, 5조 홍인스님의 동산법문을 받은 혜능이었다. 이에 인종법사가 비로소 혜능의 머리를 깎아주었고, 법성사의 지광율사에게서 정식계를 받게 하여 제대로 스님이 되게 하였다. 40세에 조계산으로 돌아온 혜능은 그 후 76세로 입적할 때까지 36년간 조계를 중심으로 교화활동을 폈다.

영화 〈매트릭스〉 1편을 보면 머리를 깎은 어린 여자아이와 네오(키아누 리브스 분)와의 대화가 나온다.

그녀는 미래의 오라클 수업을 받고 있는 아이들 중에 하나였는데, 오라클을 만나러 간 네오 일행과 입구방에서 잠시 만났다.

그때 여자아이가 숟가락을 자유자재로 휘고 있었다.

네오가 그것을 보고 신기하게 여기자,

아이가 숟가락을 내밀며 말한다.

"진실만을 보라."

"무슨 진실?"

"숟가락이 없다는 진실."

네오가 의아해하며 숟가락을 휘려고 하자 잘 안 되었다.

여자아이가 다시 말한다.

"마음을 휘도록 하라."

그리고 네오는 숟가락을 휜다.

영화의 이 장면은 시사하는 바가 크고 선禪의 본지와 매우 밀접하다. 인종법사가 『열반경』을 강의하는 야단법석에서 대중이 흔들리는 깃발을 보고 '바람이 흔들리는 것이다', '깃발이 흔들리는 것이다'라고 싸우고 있을 때, 6조 혜능이 '네 마음이 흔들리는 것이다'라고 한 것과 일맥상통한다. 이유는 오직 진실만을 본다는 데에 있다. 영화 속에서 그들은 컴퓨터 가상세계 안에서 만나고 있었기에, 실제 숟가락을 대하는 것이 아니라 숟가락 이미지를 만드는 프로그램을 대하고 있는 것이었다. 그러므로 숟가락이 없다는 것이 진실이다.

육조의 경우도 현상과 경계를 거두절미하고 오직 본래면목의 자리인 본체, 본지풍광의 입장에 서서 깃발과 바람의 흔들림을 좇아가지 않고 '마음이 흔들리는 것이다'라고 말한 것이다. 오직 진제眞諦의 입장에서 말했으며, 앞의 조사스님들의 문답에서도 역시 그러했다.

다시 신수와 혜능의 게송을 살펴보자.

신수는 몸과 마음을 닦아 깨끗이 하자고 했지만, 혜능은 본래 '무일물無一物'이라고 하면서 이미 온전한 근본자리만 말한다. 경계와 조건에 물들지 않는 본연의 진심眞心만 말하였다. 이는 천경만론보다 자신의 참마음을 지키는 것이 더 낫다는 '수본진심守本眞心'을 설파한 동산 홍인스님의 뜻과도 부합한다. 그래서 법이 신수가 아니라 혜능에게로 전승된 것이다. 닦아 이룬다면 언젠가는 다시 퇴색된다. 도는 기억이 아니다. 존재 그대로이다.

존재 그 자체를 그대로 대면하는 것이다.

알아주든 몰라주든, 기억이 나든 기억이 안 나든 상관없이 존재하는 깃이다. 그렇기에 혜능이 삼경에 『금강경』을 듣고 '(스승의 가르침이 없었더라면) 도가 본래부터 청정하고, 도가 본래부터 구족하며, 도가 본래부터 생사에 흔들리지 않는 것임을 내 어찌 알았으리요!' 한 것이다.

나고 죽는 것은 자신이며, 기멸起滅하는 것은 현상일 뿐이다. 피고 지는 것은 경계일 뿐이며, 모였다 흩어지는 것은 조건일 뿐이다. 물속에 있지만 물이 묻지 않는 연꽃처럼 진정한 본체로서의 진아는 현상과 경험에 물들지 않는다. 그래서 불교는 연꽃을 진리의 상징으로 여긴다.

"내게 한 물건이 있는데 그 어떤 이름도 붙일 수 없다."
『육조단경』에 나오는 명구이다.
세속 속에서도 세속이 붙지 않는 신기한 물건이 바로 자신의 본마음이다. 그러나 우리는 경계와 현상을 대하면서 생긴 조건심만을 보고 본마음이 무조건임을 잊는다.
물론 음양이 합일할 때 잠시 무조건이 되고 시공을 초월한다. 찰나의 부귀영화요, 지속 가능한 복지가 아니라 곧 목마르다.
이러한 특성 때문에 마음이 본래 완성되어 있으며, 마음이 본래 초탈하여 있고, 마음이 본래 자유로운 것임을 너무나 쉽게 망각한다. 그래서 마음의 자유로움을 새삼 일깨운다.
마음이 어떤 경우에서도 이동이 가능한 것임을!
마음은 신비하게도 이미 정해진 명백한 사실에서도 벗어나고, 심지어 과거·현재·미래를 다니면서 과거를 재해석하여 달리 보게 한다. 또한 현재에서 온갖 선택으로 작동하기도 하며, 미래를 꿈꾸며 미래를 설계해준다. 무한한 자유자이면서 온갖 조건과 경계와 경험과 업과 구속 속에서도 그에 맞게 작동하고, 관음보살처럼 처처에 자신을 가지가지 모습으로 드러낸다. 아마 물질이라면 강력한 블랙홀 가운데에서도 자유로운 것이며, 찬란한 빛 속에서도 드러나지 않고 흐르는 존재일 것이다. 우리가 잊는 것이 있다면 경계와 현상을 만나 조건 지워진 마음 때문에, 본마음 역시 조건심과 같이 '피고지는 것이며 생멸하는 것이다'라고 착각하는 것이다. 마치 프리즘을 통과한 빛이 일곱 색깔 무지개로 보인다고, 빛을 모두 일곱 색깔이라고 단정하는 것과 같은 오류를 범하는 셈이다. 그리고 프리즘을 치우고서 '보라, 프리즘을 치우니 무지개가 없지 않느냐. 그러니 프리즘이 무지개이다'라고 주장하는 것과 같다. 동양에서는, 정확히 불교 선종에서는 이러한 오류를 범하지 말라고 소리친다. 선종의 유명한 시 중에 다음과 같은 것이 있다.

보화비진요망연報化非眞了妄緣 법신청정광무변法身淸淨廣無邊
천강유수천강월千江有水千江月 만리무운만리천萬里無雲萬里天

절에 가면 건물 기둥에 종종 쓰여 있는 구절이고 또 스님들이 제사를 지낼 때 돌아가신 분, 영가영혼을 위하여 꼭 읽어 주는 구절이다. 뜻은 '보신불이다 화신불이다 하는 것은 다 요망한 인연을 따라 지어진 것일 뿐이다. 법신불의 청정한 광명이 온 누리에 가득하니 천 개의 강에 천 개의 달이며, 만리 하늘은 구름 한 점 없는 푸른 하늘 그대로로다'이다.

불교에도 삼위일체가 있는데 법신불, 보신불, 화신불이다. 법신불은 기독교의 하나님과 같고, 보신불은 성령이며, 화신불은 이 세상에 화육한 존재로 예수 같은 존재이다.

불교로 치면 화신불은 인간으로 태어나 인간으로 죽은 석가모니불이며, 보신불은 수행의 과위를 성취하여 수명이 무량하며 온몸이 광명으로 가득한 아미타불이다.

아미타불은 극락에 주재하고 있는데 시간에 해당하는 수명이 무량하여 무량수無量壽이며, 동시에 공간적으로 온 곳곳에 한량없는 광명을 나투는 무량광無量光의 존재이다. 그래서 전능하신 무량수무량광 아미타불이라고 밀교에서 기도하는데, 바로 이러한 권능을 갖추었기 때문이다.

흔히 절에 가면 '무량수전'이나 '무량광불'이라는 전각이나 문구가 자주 보이는데, 모두 아미타불의 이칭異稱이다. 부석사 무량수전은 일반인들에게도 잘 알려져 있다.

시간적으로 백 살을 넘기기 어렵고 공간적으로 2미터를 넘기 어려운 상태로 시공의 제약을 받고 있는 유한한 우리 인간들에게 선망의 존재가 된 부처님이 아미타불이다.

게다가 고해에 있는 우리들과 달리 극락에 주재하시며 사후에 맞이한다고 하니, 어지간한 인간들은 현혹될 수밖에 없다. 사실 유한한 우리는 늘 무한을 꿈꾼다.

경험세계에 구속된 우리는 본능적으로 자유를 지향하고, 업에 빠져 허우적대는 우리는 해탈을 바라본다.

이것은 말 그대로 본능이어서, 자유와 해탈과 영생은 각각의 여러 종교의 탈을 쓰고 세상에 횡행한다. 각 종교는 자신들에 맞게끔 아직 도달하지 않은 미래의 희망과 꿈을 이미지화하여 사람들에게 알기 쉽게 제시해주고, 산언저리에서 헤매는 그들에게 산마루 꼭대기를 힘껏 가리키며 다 같이 그곳으로 가자고 설득하고 외쳐 왔다. 소위 종교宗敎이다.

종교라는 한자에 '마루 종宗'이란 글자가 있듯이, 꼭대기 마루에 대해서 가르친다는 종교는 지고한 가르침을 나름의 방법으로 인간들에게 유포해 왔다. 신神이라든지, 불佛이라든지, 도道라든지, 마음(心)이라든지, 그들이 붙인 이름은 다양하지만 최고에 대해 이야기한다는 점은 동일하다. 물론 색깔도 어느 정도 차이가 있고 방법이 서로 상이하기도 하다. 그러나 지고한 경지, 근본자리를 말하는 것은 동일하다.

종교뿐만 아니라 철학과 과학도 마찬가지로, 존재의 근원에 대해 나아가지 않으면 발전이 없고 결국 외면당하게 된다. 최고의 지식을 알려주어야 한다. 왜냐하면 진리탐구가 인간의 본능이기 때문이다.

인간이 지상의 왕이 된 것은 진리탐구 때문이다. 그 탐구과정에서 온갖 기기와 문화가 부가산물로 나왔다. 다른 짐승보다 육체가 허약하지만 정신을 고도화하여, 지고한 것을 향하는 능력으로 인해 만물의 영장이 되었다. 만일 다른 동물이 진리탐구를 한다고 생각해보라. 아마 우선 겁부터 날 것이다. 이처럼 진리가 인간을 강하게 만들었다. 진리가 제일 강한 것이기 때문이다.

유한한 자가 어찌 계속 유한함에 만족하고 있겠는가?

진리탐구는 그래서 불평불만에서 시작된다. 아니 불평불만의 현실에서 자동 발생적으로 나타날 수밖에 없는 자기개선의 당연한 몸부림이다. 지상에서 천국을 꿈꾸고 고해에서 해탈을 노래하는 것은 심리적으로 지극히 정상이다.

나오지 말라 하고 틀어막아도 나올 수밖에 없다.

현상 속에서 현상을 벗어나려는 반동이면서, 동시에 현상 속의 당연한 하나의 현상으로 되어 같이 흘러간다.

불교와 선도 마찬가지다. 즉 현실과 경험과 경계와 조건에 구속되고 또 거기에다 고苦까지 발생한다면, 누구나 자연히 해탈과 마음의 평안을 추구하게 되고 그리된다. 만일 누군가가 마음의 평정과 지혜를 구한다면, 불교 안에 특히 참선문중에 이러한 탐구가 도도히 2,500년을 강물처럼 흘러오고 또 끝없이 흘러가는 것을 보게 될 것이다.

'법신의 청정한 빛만이 두루한다'는 법신청정광무변法身淸淨光無邊은 오로지 법의 입장에 서서 진리만이 존재함을 말한 것이다. 다른 것은 '피고지는 것이다'라는 말이다. 다른 말로 '피조물'이란 말이다.

네 구절 게송 가운데 가장 유명한 구절이 바로 이 세 번째 구절인데, 자식으로 치면 가장 예쁜 셋째 딸이다. 이렇게 표현한 이유는 문장이 미려하기가 특별하기 때문이다.

천강유수천강월千江有水千江月, '천 개의 강에 물이 있고 그곳에 천 개의 달이 뜬다'는 말로, 말만 들어도 장면이 저절로 상상이 되는 명문장이다. 한글을 창제한 세종대왕이 『용비어천가』와 『월인천강지곡』을 만들었는데, 이 '월인천강月印千江'이 바로

'천강유수천강월'이다. '달이 천 개의 강물에 달도장을 찍는다'는 말인 월인천강은 개체와 전체의 관계, 진아와 개아의 관계, 본체와 현상의 관계를 한마디로 잘 설명해준다. 우리들은 흔히 자신의 마음이 있고 그 마음은 육신에 의해 영향을 받는다고 여긴다. 이것은 사실이기도 하다. 그러나 좀 더 숙고가 필요하다.

선문에서는 개아를 강물에 뜬 달, 강물에 찍힌 달로 본다. 강물에 뜬 달은 강물이 출렁이면 물결에 찌그러진다. 분명 영향을 받는다. 천 개의 강물이 다 각자의 상황이 있어, 각기 다른 달 모양으로 그때그때마다 이지러지며 존재한다.

흔히 자신이라 여기는 이 개아달은 분명 육신이라는 물과 환경이라는 세파에 찌든다. 다만 물이 고요하면 둥근 달이 그대로 투영되듯이, 자신을 고요히 하고 행위인 업을 줄이고 소멸하면 둥근 본래의 달 모양이 드러난다. 그러므로 고요와 선정을 닦는 수행방법이 생겨났고 효과가 있었다.

그러나 굳이 그렇게 하지 않아도 그 개아달의 원천은 유일한 하늘달로, 천상월은 지상의 조건에 구애 받지 않고 여여히 존재한다. 프리즘을 통과한 빛이 일곱 색깔을 나타내듯, 육신에 깃든 신성이 정신이 되고, 형체에 비춰 든 본심이 자아가 되는 것이다. 프리즘이 없으면 무지개도 사라지고, 육체가 죽으면 정신도 흩어져 종적이 없어진다. 그렇지만 화신이 사라지는 것이지, 법신이 멸하는 것은 아니다.

이렇게 사후뿐 아니라 생전에도 우리의 의식은 보다 큰 빛인 태양에 조응하여, 낮과 밤을 따라 매일 깨어나고 잠들며 피고지기를 계속한다. 빛과 정신이 연동되어 나팔꽃처럼 아침에 피었다 저녁에 지는 것이다. 과학자들이 실험한 것처럼 잠을 자시 못하게 하면 괴로워하다가 정신이상상태가 유발된다. 보이는 밧줄이나 선은 없어도 서로 묶여 있고 연동되어 있는 셈이다. 이집트 사후이야기에도 나오듯이 우리의 정신이 자신의 출처인 태양을 만나는 것이다. 개아달이 비록 강물의 상태에 따라 이지러지기도 하고 물이 마르면 자취를 감추지만, 그의 본향이 천상월인 것처럼 정신의 근원은 신성이며, 마음의 본래면목은 본심이다. 프리즘을 통과하는 빛이 프리즘의 상황에 맞추어 무지개라는 모습으로 현현하듯이, 육신에 깃든 신성이 육체조건에 맞게 정신이라는 모습을 띠는 것이다. 그러므로 조건심의 본모습은 본심이며, 조건에 영향을 받고 있고 조건에 따라 생멸하는 조건심도 알고 보면 본심의 작용일 뿐이다. 이러한 작용을 사용하여 마음을 깨닫게 한 사람이 바로 마조 도일이다.

🍵 마조

참선종파를 나누어 오가五家와 칠종七宗으로 분류한 오가칠종 중에서 마조 도일馬祖 道一의 종을 '홍주종洪州宗'이라고 하는데, 홍주종의 특징이 작용을 통해 체상을 깨닫게 하는 것이다. 용用에 특히 능했던 마조임을 실감할 수 있는 일화가 하나 있다.

어느 날 찾아온 덩치가 좋은 무업스님을 보고 마조대사가 말하였다.

"몸은 우람한 법당인데 그곳에 부처가 없구나."

그러자 무업스님은 절을 한 후 공손히 말하였다.

"경전은 널리 보았으나, 선문에서 마음이 부처라 하는데 그것을 잘 모르겠습니다."

이에 마조대사가 대답하였다.

"알지 못하는 그 마음이 바로 그것이지, 다른 것은 없다."

그러나 알아듣지 못한 무업이 다시 물었다.

"달마대사가 서쪽에서 와서 전한 심인心印은 무엇입니까?"

그러자 이번에는 마조대사가 귀찮다는 듯이 말하였다.

"정말 소란스럽군. 우선 갔다가 다음에 다시 오게."

무업스님이 할 수 없이 일어나 나가자, 마조대사가 다시 불렀다.

"이보게?"

무업스님이 고개를 돌렸고, 그때 마조가 다시 물었다.

"이 뭣고?"

그 말을 듣고 무업스님이 깨달았다.

'이보게?' 할 때 '네' 하고 대답했다면 '네' 하고 대답하는 그 놈은 무엇인가? 고개를 돌리면 고개를 돌리는 그 놈은 무엇인가? 하고 묻는 것이다. 말과 몸짓으로 '나타나는 마음', 즉 용用을 잡아 도를 깨닫게 하는 비상한 재주가 마조에게 있었다.

강물달의 원천이 천상달이니, 강물달이 알고 보면 천상월이다. 마치 그림자가 형체에서 비롯되었듯이, 개아가 사실은 진아에서 비롯되었으니 둘은 떼려야 뗄 수 없는 관계이다.

형체의 땅바닥에서의 일이 그림자인 것처럼, 본심의 육신에서의 일이 일상사 행주좌와어묵동정行住坐臥語默動靜임을 마조는 잘 알고 있었다. 그래서 마조는 행주좌와어묵동정을 자유자재로 쓸 수 있게 다루었다. 정말 능수능란한 선기禪機요, 자유자재한 접인接人이었다. 심즉불이라는 플래카드 아래에서.

그러나 마조도 다만 알맹이 없이 용사用事만 했다면 머리 없고 여의주 없는 몸통용이 미쳐서 허우적거리는 꼴밖에 안 된다. 심즉불이 횡행하자 이런 겉만 보는 무리들이 나타났고 기발한 마조는 이번에는 '마음도 아니고 부처도 아니다'는 비심비불非心非佛을 외치기 시작하였다. 참된 심즉불心卽佛의 도리가 무엇인지 알려주는 일화가 하나 있다.

마조스님의 젊은 제자가 홀로 초막에서 조용히 살아가는 대매법상스님을 찾아가 물었다.

"이전에 마조스님을 만나 무슨 도리를 얻었기에 이 산중에 숨어서 사십니까?"

"마음이 곧 부처라 했기 때문이네."

이에 제자가 말하였다.

"마조선사는 이미 달라지셨습니다. 요즘은 '마음도 아니고 부처도 아니다(非心非佛)'라고 가르칩니다."

그러자 법상스님이 단호히 말하였다.

"그놈의 늙은이가 사람을 홀리고 있다. 비심비불이라고 하건 말건 나는 오직 즉심즉불이다."

이 말을 전해들은 마조스님은 감탄을 하며 말하였다.

"매실이 다 익었구나!"

대매산에 기거하고 있었기에 대매스님이라고 하고, 마조는 매실이 익었다는 표현을 쓴 것이다. 그리고 깨침없는 겉치레의 용用이 아닌, 해탈이 빠진 알음알이가 아닌, 그림자를 보고 바로 형체를 깨닫는 진용眞用을 가려냄이 청풍을 일으켜 빈 허공중에서 구름을 갈아만들 듯 예리하다. 개아달과 천상월 사이에서 바로 아는 각옥覺玉과 혜매는 매석昧石들을 보고 눈 밝은 선사는 정확히 옥석을 가린다.

이러한 것들이 선종에서 보는 개체와 전체의 관계들이다. 도는 개체의 상황에 관계없이 그대로이고, 본마음은 조건심에 상관없이 해탈자라는 것이 간명한 직지直指이다.

이러한 깨달음을 돈오頓悟라 부르고, 한 번 뛰어 곧바로 부처의 땅에 간다고 하여 일초직입여래지一超直入如來地라고 명명한다. 그래서 선사들은 손을 들어 오직 달만 가리킨다.

그러나 범부는 달을 보지 않고 여전히 손가락만 쳐다보고 있다. 깨닫는다고 해서 개아심과 육신의 일이 없다는 것이 아니다. 다른 사람과 똑같이 고통하고 똑같이 죽는다. 눈이 밝다면 그 개아심과 육신을 보고 깨달을 수도 있다.

그러나 범부들은 자기가 저지른 생각에 자신의 본마음을 잃어버린다. 자승자박되어서. 실로 안타까운 일이다.

자기 관조의 수행이 절실한 이유이다. 깨달은 사람도 일상사에서 범부와 다를 것이 없지만, 그들에게는 자유라는 보이지 않는 무엇이 하나 더 있다. 그것은 허공을 닮았다.

만리무운만리천, 푸른 하늘이 그들과 함께 있는 것이다.

다른 사람이 자기 구름으로 다른 사람 구름만 파고 있을 때.

여기 푸른 하늘을 보지 않고, 자신의 구름을 성실히 파기에 급급한 한 사람이 있었다. 마조馬祖이다. 정확히 말하면 아직 깨치지 못한 마조이다. 다시 마조의 이야기를 하는 거지만 앞뒤가 바뀌었어도 이것은 너무 중요해서 이야기를 안 할 수가 없다.

바로 심즉불왕 마조가 깨닫는 부분이기 때문이다.

너무나 진지하게 허리를 곧추세우고 근엄한 표정으로 좌선하는 마조를 보고, 스승 남악 회양선사는 노인네 걸음으로 걸어가 그 옆에서 기왓장을 갈기 시작한다. 열심히 정진하던 마조가 뭔가 쓱싹쓱싹하는 소리에 실눈을 뜨고 곁눈으로 보면서 말한다.

"무엇을 하십니까?"

"기와를 갈고 있는 중이네."

"기와는 갈아서 뭐 하시게요?"

"거울을 만들려고 한다네."

마조는 피식 웃으며 물었다.

"기와를 간다고 거울이 됩니까?"

스승이니까 차마 '바보같이'라는 말은 못하고 가당찮다는 얼굴로 여전히 빳빳이 허리를 곧추 세우고 자세를 잡고 있는 마조를 보고 스승이 말하였다.

"그렇게 앉아만 있다고 부처가 되느냐?"

그제야 정신이 번쩍 든 마조가 물었다,

"그럼 어찌해야 합니까?"

"소달구지가 가지 않으면 수레를 때려야 하느냐?
소를 때려야 하느냐?"

스승이 그렇게 되묻자 마조가 깨달았다.

참으로 재치발랄하고 그림이 그려지는 멋진 현장 퍼포먼스이다. 6조 혜능 뒤에 말 한 마리가 천하를 짓밟으니 바로 마조 도일선사이다. 이 말은 내 말이 아니고 조사어록에 나오는 말이다. 그 정도로 마조의 등장은 스승의 조용한 퍼포먼스와는 대조적으로 포스작렬이었다. 비로소 마음의 법이 지평선에

욱일승천하여 천하를 찬란히 비추기 시작한 것이었다.

✿ 백장

마조의 제자 중에 백장스님이 있었는데, 이렇게 마조에 의해
커진 선종을 독자적으로 기성 불교에서 분리하기 시작하였다.
그래서 아예 부처상을 모시지 않은 선원과 법을 설하는 법당을
갖추고 자급자족의 운영체계를 구비하였다. 수행정진과 노동
을 적절히 배합하고는 되도록 소욕지족하며 자급자족하게 하
였다.

"일하지 않으면 먹지도 말라." "밥값을 하라."

백장스님의 유명한 말들이다.

자신 스스로도 일하지 않으면 먹지 않았다.

하루는 늙은 백장스님이 힘드실 듯하여, 제자들이 그의 호미를
감추어 버렸다. 일을 못한 백장스님은 그날 굶었다.

이렇게 하여 선이 중국에 제대로 뿌리내리게 되었고, 임제라는
걸출한 선승을 내고 불교의 정수적 지혜로 마침내 우뚝 섰다.

이 전통이 지금까지 여러 모습으로 전승되고 있다.

절에 가면 대웅전을 법당이라고 하는 경우가 많다. 그 이유는
오늘날 한국불교의 대부분인 조계종이 선종이어서, 선종에서

선사스님들이 법을 설하는 법당을 부처님이 법을 설하는 대웅전에 그대로 덧씌워 사용하였기 때문이다.

통합종단이며 사찰건물 등 한국불교 전통의 대부분을 물려받은 관계로 일반인들에게는 조계종 절이 기도하는 곳인 줄로만 알지만, 그 보이지 않는 힘은 바로 정진대중이며 선원이다.

처음의 임제로 돌아가자.

선의 목적이 자유임이 임제에 와서 역력히 드러났다. 즉 스승에게 맞으면서 스스로에게 허물이 있다고 규정하며, 마음을 자승자박한 임제가 대우스님과의 문답에서 마음을 자유롭게 한 것이다. 일차로 자신의 아상我相을 넘어선 것이었다.

그리고 적수단도로 살불살조한다는 그의 종풍에서 보이듯 자신을 덮고 있는 집단의식까지도 통쾌하게 치워 버린다.

『금강경』으로 말하면 인상人相을 넘어선 것으로 인간의 탈을 벗어버린 것이다. 그래서 그런지 지나치게 사자 흉내를 내며 사자포효소리 '할'을 많이 하였다. 물론 이것은 농담이다. 요즘 젊은이들은 어이가 없을 때 '헐'이라고 한다.

'아 다르고 어 다르다'는 말처럼 '임제할'은 평지에 풍파가 일어나듯 놀라게 하며 역동적이고, '젊은헐'은 반대로 놀라며 맥 빠지는 모양이다. 다시 인간으로 돌아와서, 우리는 신마저도 인간의 모습으로 만들어야 직성이 풀리는 집단인간상을 가지고 있다. 이처럼 우리의 마음은 개인의 조건에게도 묶이지만 집단의 조건에도 구속된다. 개인무의식과 집단무의식이 겹겹으로 우리를 덮고 있는 것이다. 예전엔 말할 것도 없고 지금 세계 곳곳에서 종교와 이념에 의해 자행되는 탄압과 테러를 보면 집단무의식이 얼마나 큰 장벽이 될 수 있는지 알 수가 있다. 왜 큰 장벽이냐 하면 자기희생 가운데 스스로 정당성을 갖기 때문에, 자승자박을 당하고서도 옳은 것이라 여기는 탓이다. 물론 전에 말한 것처럼 외부세계뿐만 아니라 자신의 무의식과 육체도 자신이라는 테두리 안에 있을 뿐이지 실은 집단과거들이다.

선가禪家에 이런 말이 있다.

장부자유충천지丈夫自有衝天志,
막향여래행처행莫向如來行處行

장부에게 스스로 하늘을 찌르는 기개가 있거늘,
어찌 부처가 간 길을 내가 가랴.

'불향여래행처행'이라고도 하는데 같은 의미이다.

또 운문스님에게 '부처가 무엇입니까?' 하고 물으니 '똥막대기다'라고 하였다. 모든 종교는 교주를 중심으로 열손가락을 모은 것처럼 꽃봉오리같이 모여 있다. 이것은 자칫하면 집단무의식을 만연시킬 수 있다. 선종禪宗은 마음의 진정한 자유는 그 안에 들어 있을 경우 알기 어려운 이 집단무의식마저 떨쳐버려야 한다고 설파한다. 흔히 '파격破格'이라고 부른다. 꽃잎늘이 가지런히 봉오리를 향해 접혀 있을 때 하나의 꽃잎이 옆으로 삐져나와 미리 피어 있는 모양이다. 선개지수先開之秀로 선개先開의 빼어남이다.

스님들을 흔히 '출격대장부出格大丈夫'라고 부른다. 그물에 걸리지 않는 새처럼 세상의 격식을 벗어난 자유자재인이란 말이다. 양무제가 '불교에서 제일가는 것이 무엇입니까?' 하니 달마가 '확연무성廓然無聖', 곧 '툭 트여 따로 성스러운 것이 없다'라고 대답하였다. 성스러움과 비속함이라는 높고 낮음의 차이가 있으면 이미 도가 아니다. 부처와 중생이 있으면 본래자리가 아니다.

🐚 경허

한국조계종을 사실상 다시 연 근세 불세출의 선승, 경허스님은 이 성속일여聖俗一如, 진속불이眞俗不二를 온몸으로 실천하여 당시에 오늘날 종정스님보다 더 추앙을 받았다. 그러나 말년에는 박난주로 개명하고 속인이 되어 함경도 삼수갑산에 가서 마을훈장 노릇을 하다 소리없이 평범하게 입적하였다. 그의 행적을 소설가 최인호 씨가 출판한 적이 있다.

경허스님은 아홉 살 때에 과천 청계사에서 출가하여 한학과 불경을 익혔다. 1871년에는 동학사의 강사로 추대되었고 따르는 문하가 70~80인에 이르렀다. 서른 살 초반에 은사인 계허스님을 만나러 청계사로 가다가 천안에서 심한 폭풍우를 만났다. 그런데 전염병이 돌아 마을사람들이 문을 열어주지 않아 비를 피하지 못하고 처마 밑을 전전하였다. 마을 밖 큰 나무 아래에서 옴짝달싹 못한 채 밤새 시달리다가, 경전만 보며 생사가 하나라고 떠들었던 것이 죽음 앞에서는 아무 소용이 없음을 절감하고는 다 버리고 작은 방에서 정진에 몰두하였다. 그때 든 화두가 '노사미거 마사도래(驢事未去 馬事到來)'였는데, '나귀의 일이 끝나지 않았는데 말의 일이 와 버렸다'는 말이다.

한참 대강백으로 잘 나가고 있는데 전염병이라는 모습으로 저승사자가 코앞에 닥쳐 버리니, 눈앞이 캄캄해지고 모든 게 끝장나 버렸던 자신의 상황과 너무나 잘 맞아 떨어진 대의문이었다. 뒷말로 '이 일을 어이할꼬'를 붙이면 누구나 살면서 한 번쯤은 겪는 일이다. 다만 경허스님에게는 지금까지 자신의 삶을 바꿔놓는 큰일이 되었는데, 이것을 기연機緣이라고 한다. 폭풍우 치는 칠흑 같은 밤중에 전염병의 저승사자가 바람소리 따라 사방으로 날뛰며 다니는 중에 집도 절도 없이 큰 나무 밑에서 한 발짝도 움직이지 못하고 덜덜 떨고 있었으니 얼마나 마음의 자유가 뼈저리게 구속을 받았겠는가.

그래서 깨닫고 나서 '삼천대천세계가 내 집인 줄 알았다'라는 오도송이 나온 것이다. 그때 묶인 마음이 깨달았을 때 비로소 풀린 것이다. 마음이란 참 요상한 것이다. 밧줄도 없는데 그렇게 튼튼히 묶여 오래오래도 간다. 그리고 풀릴 때는 봄눈 녹듯이 어느 순간에 녹는다. 경허스님의 이런 심기일전은 유별날 정도로 뚜렷하게 드러난다. 너무 기분이 좋아 하늘을 보고 앙천대소하고 빈 배같이 떠돌면서 인연 따라 지나치게 방광放光하다 보니 발광이 되어버려 후학들이 지랄지랄했지만, 그의 묶임과 풀림은 너무나 극적이고 앞뒤가 딱딱 맞는다.

한번 풀려난 그의 마음은 가지 못하는 곳이 없었고 어떤 이름이나 격식이나 도덕에 매이는 바가 없었다. 스스로 절간과 세속을 옆집 드나들 듯이 자유자재로 넘나들며 모두가 자신의 집임을 온몸으로 보였고, 자신이 얻은 명예에 머무는 법 없이 스스로 속인이 되어 생을 마감하였다.

그리고 임종시에도 너무나 당당하게 '이 무슨 물건인고?' 하며 저 세상으로 걸어갔다. 마치 〈캐리비안의 해적〉에서 조니 뎁이 흔쾌히 괴물의 입속으로 뛰어 들어가듯이, 평소처럼 주저 없이 '여긴 뭐하는 덴고?' 하면서 옆집 가듯이 갔다.

아래가 경허스님 임종게이다.

"마음 달이 외로이 둥글게 빛나니(心月孤圓)

빛이 만상을 삼켰도다(光吞萬像)

빛과 경계를 함께 잊으니(光境俱忘)

다시 이것이 무엇인고?(復是何物)"

천하영웅을 말할 때 흔히 진시황을 말한다.

그러나 나는 진시황을 천하의 겁쟁이로 본다.

물론 총명하면서도 겁 많은 사람이 세상에 대해 주의 깊게 살펴 큰일을 해내는 경우가 많으므로 나쁜 것이 아니다.

절대무인 최배달도 오줌싸개라는 소리를 들을 정도로 겁쟁이였다. 그러한 콤플렉스를 넘어서기 위해서 지독한 수련을 하여 최강의 무인으로 우뚝 섰다. 그의 강한 면은 아이러니하게 약함이 만든 것이었다. 영웅과 겁쟁이는 종이 앞뒷면이다. 번뇌와 장애가 열반과 해탈을 만들고, 고해가 극락을 만든다. 이렇게 장애와 콤플렉스는 잘하면 성취의 최고 견인차이다. 만일 세상에 고苦가 없으면 누가 도를 닦아 해탈하겠는가? 경허스님도 죽음에 식겁했으니 대해탈인이 된 것이다. 그러나 진시황은 끝까지 겁쟁이였다. 요게 문제다.

어렸을 때부터 볼모로 잡혀가 늘 목숨의 위협을 받고 자란 진시황은 후에 왕이 되어 법치로 진나라를 강하게 만들었다. 공자가 주나라로 돌아갈 것을 외치며 왕도정치로 춘추전국의 난세를 끝내고자 하였으나, 정작 패자와 왕들에게 먹힌 것은 진나라의 군대였다. 진시황은 현실적인 접근으로 난세를 종식시킨 영웅이었다. 천하통일을 달성하고도 가혹한 법의 통치로 일관한 진시황은 수많은 사람을 죽이며 원성을 샀다. 그래서 그는 수많은 암살의 위협을 겪었고 그의 생존본능은 더 강화되었다. 결국 그 훌륭한 아방궁을 지어 놓고도 자객의 살해를 피해 이리저리 다니며 정사를 보았다.

그리고 죽고 나서 원혼들의 괴롭힘을 걱정한 그는 죽기가 싫어 불로초를 구하여 먹고 현세에서 계속 살기를 꿈꾸었다. 공포의 군대로 온 천하를 다 다녔지만 죽음의 땅에는 단 한 발자국도 들여놓기 싫었던 것이다.

공포의 진나라 군대를 실질적으로 궤멸시킨 천하장사가 바로 항우이니 항우도 대단하다. 오죽했으면 사마천이 제왕이 못된 항우를 황제반열의 본기本紀에다 서술했겠는가.

아무튼 아무리 위대하고 훌륭한 왕도 죽음을 피할 수는 없었다. 결국 진시황은 죽었고 죽은 뒤에 원혼들의 침노를 막기 위하여 생전과 똑같이 군대 속에서 잠들었다. 오늘날 진용들이 그것이다. 지금은 그의 무덤이 대단한 유적이 되어 관광객들의 발길이 끊이지 않는 명소가 되었다. 마지막까지 겁을 안고 군대 속에서 죽었으니 보기 드문 진정한 겁쟁이이다.

경허스님의 참선곡 첫 구절은 명문이라 소개한다.

"홀연히 생각하니 도시 몽중이로다!
 천만고 영웅호걸 북망산의 무덤이요,
 부귀 문장 쓸데없다 황천객을 면할소냐!
 오호라 이내 몸이 풀끝의 이슬이요, 바람 속의 등불이라."

경허스님은 깨닫고 겁을 상실하였다.

이승저승 합하여 제일 심장이 튼튼한 존재는 염라대왕이다. 죽을 때 얼마나 발광하고 고함치는가. 그 악에 받친 소리를 그렇게 많이 듣고도 의연히 심판의 직책을 수행하니 그야말로 강심장이다. 그런 그의 심장으로도 어찌할 수 없는 사람이 있으니, 생사에 초연하고 이승저승을 제집으로 여기는 사람이다. '삼천대천세계가 내 집인 줄 알았네' 하면서 걸핏하면 와서 무애행을 하며 괴롭히니, 염라대왕에게 가장 껄끄러운 손님이 경허스님 같은 사람이다. 경허스님은 역대의 다른 선사들과 달리 전주 출신이라서 그런지 입전수수를 현실에서 온몸으로 보여주었다.

비록 막행막식의 스타일이었지만 그의 행장은 대자유인이 어떤 모습인지를 보여주기에 충분하다. 특출했던 중국선사들도 민망하여 몸은 빼고 문답 가운데 마음에서 마음으로 전하는 이심전심以心傳心에 만족했는데, 경허스님은 아예 대놓고 이신전신以身傳身을 남발하였다. 자유자재하고 평등한 깨달음으로 돌아가 보면 부처님의 깨달음도 무상정등정각이라고 하여 차별이 없다.

성聖과 속俗, 깨달은 자와 깨닫지 않은 자, 즉 부처와 중생의 차별이 있어서는 본래자리, 본지풍광도 아니고 진정한 자유도 아니며 돈오頓悟라 할 수도 없다. 수행이란 스스로에게 깊이 들어가 만유와 통하는 것이다. 그리하여 걸림없는 대자유를 얻는 것이다. 그러므로 자신의 이상이든 집단무의식이든 그 무엇의 껍데기라도 훌훌 벗어던져야 한다. '부처가 간 길을 가지 않겠다'는 표현은 어디에도 구애됨이 없이 스스로의 길을 가고 스스로를 완성하겠다는 말이다.

그래서 임제도 '추호도 바깥으로 쫓지 말라'고 한 것이다. 너의 사팔뜨기 눈이 너의 본마음을 먹어버릴 것이다. 임제뿐만 아니라 사실 부처님도 유언으로 '자신에 의지하고 진리에 의지하라. 자신을 등불로 삼고 진리를 등불로 삼으라'고 하셨다. 붓다 자신을 의지하라고 하지 않고, 스스로의 자기 자신을 바다 가운데 섬으로 여기며 오직 자신을 밝히라고 한 것이다.

그래서 '제 갈길 간다'는 망나니 같은 말이지만 제대로 '부처님의 은혜를 갚은 말이다'라고 하는 것이다. 임제는 어느 누구보다도 사자후로 이러한 종풍을 확립했고 앞서 말한 대로 천하를 석권하였다. 자유와 해탈을 꿈꾸는 모든 이의 이정표가 되어 주었다. 다시 말하면 모든 사람이 자신의 한계에 의해 자연히 자유를 추구할 수밖에 없으니 모두의 등불이 되어 준 셈이다.

게다가 임제는 초승달을 보고 보름달이 되라고 하지 않는다. 자신이 찌그러졌다고 여기는 마음, 찌그러진 것이 잘못되었다는 마음을 버리고 '있는 그대로 온전한 주체'임을 자각하라고 한다. 바꾸라고 하지 않는다. 그래서 '무엇이 부처입니까?' 했을 때 '네가 부처다, 사람이 바로 부처다'라고 한 것이다.

굽어진 것은 왜 자유로울 수 없는가?
부족한 것은 왜 온전할 수 없는가?
물은 굽은 제방이든 곧은 제방이든 흘러간다.
마음도 이 같이 어디에나 수순할 수가 있고 또 머물 수가 있는데도 우리는 탓하기에만 급급하다. 둥근 컵의 물은 둥글게 있고 네모진 컵의 물은 네모진 모습으로 머문다. 마음도 이런 물과 같이 수순하며 담겨 있을 수 있는데, 우리가 오히려 안절부절 못하고 들들 볶아댄다. 상선약수上善若水, 최고로 좋은 것은 물과 같다는 뜻이다. 심수心水이며, 마음이 바로 '물이 간다'는 뜻을 지닌 법法, 그 자체라는 말이다. 외적인 이름과 형상에 매여 본마음이 그렇다고 여기지 마라. 결핍을 좇아 움직이지 말고 스스로 지금 있는 그대로 자신에게 멈춰라. 제불보살이 아무리 장엄하다 해도 눈을 감았다 떴을 때의 눈앞의 전경보다 찬란하랴!

임제는 역설한다. '수처작주 입처개진(隨處作主 立處皆眞)' 하라고. '있는 곳에 따라서 스스로 주인이 되라. 그러면 서 있는 곳, 모두가 참된 것이다'라는 의미이다. 현재의 자신을 있는 그대로 받아들이고 당당하면 그 자리가 진리의 자리라는 말이다.

현대에 3대 '영혼의 스승'이라는 에크하르트 톨레라는 서양 사람이 선불교에 감명을 받아 자신의 책 제목을 『더 파워 오브 나우(The power of now, 현재의 힘)』라고 하였다. 우리나라에서는 『지금 이 순간을 살아라』로 알려졌는데, 다분히 임제의 분위기가 역력하다.

'지금을 긍정하라. 미움 받는 자신을 당당하게 여겨라.' 주체와 용기의 근대 아들러 심리학이 1,000년 전에 동양에서는 이미 풍미하였다. 개인무의식과 집단무의식 모두를 통쾌하게 날려 버리고 부족한 것을 채우지도 않고, 그 자리에서 바로 온전한 것이 되게 한 임제는 '할'이라는 사자후와 '사료간'이라는 호안虎眼을 지닌 채 천지사방을 뒤덮은 압제와 미망을 떨쳐버린 누구보다도 뛰어난 자유와 해방의 선봉장이었다.

동서양에서 자유를 향한 행보가 누구보다 강렬했던 두 사람이 바로 데카르트와 임제다. 그래서 우스갯소리로 프랑스가 아무리 망패한 짓을 해도 데카르트를 낳은 것만으로도 모두 용서가 되고, 중국이 아무리 후흑짓을 해도 임제를 낳은 것만으로도 봐줄 수 있다고 한다. 자유의 입장에서는.

우리나라에도 있다. 경허스님이다.
그가 아무리 망나니짓을 했어도 온몸으로 보인 자유의 행진으로 모두 용서가 된다. 그의 오도송으로 마지막을 장식할까 한다.

홀문인어무비공忽聞人語無鼻孔
돈각삼천시아가頓覺三千示我家
유월연암산하로六月燕岩山下路
야인무사태평가野人無事太平歌

문득 코뚜레 낄 콧구멍 없는 소로 태어나면 된다는 말을 듣고
삼천대천세계(온 세계)가 내 집인 줄 알았네.
유월 연암산하 길에서
할 일 없는 사람이 태평가를 부른다.

말언

선현과 선밀은 선의 이해를 위해 함께 적은 것이다. 그러나 몇몇 이유로 분리하여 출판하게 되었다.

이에 이해를 돕기 위하여 몇 가지를 적는다.

선현은 선의 요지만을 군더더기 없이 일관되게 드러내어 현재에 밝혔기에 선현禪現이라 한다.

선밀禪密은 말 그대로 선을 척추로 삼아 육체를 입힌 것이다. 밀密이란 말은 빽빽하다, 숨긴다는 의미가 있는데 사실 정확한 뜻은 빽빽해서 은밀해지는 상황에 적합한 말이다.

밀림密林이란 단어에서 보이듯 밀림에 들어가면 나무가 빽빽해서 은밀해지고 숨겨진다.

선밀에는 말한 대로 선의 골수가 육체 속의 척추같이 들어 있어 많이 숨겨지고 가려졌다. 그러나 선밀의 내용들을 정독하면 선의 골수를 더 단단히 잡을 수 있는 장점도 있다.

다소 번잡하다 여기면 다시 선현을 보면 된다.

두 책을 반복해서 읽으면 비록 겹치는 부분이 있지만 인내심을 가지고 읽어가다 보면 쇠가 불과 물에서 연단되듯이 자신의 정신이 연단됨을 느낄 수 있고 마침내는 지혜의 명검을 얻을 수 있다.

책은 사람들의 영혼이 머물고 공부하는 집이요 처소이다. 열심히 닦기 바란다.

산골에서 적음

소계 전산(素溪 前山)

산중에 머물고 있는 저자가 '세상의 온갖 학력과 이력과 이름
에 지친 사람들에게 그냥 부담없이 지나가는 시절 바람'이기를
바라서 별도의 저자 소개를 생략합니다. - 편집자

선현禪現, 선의 정수를 보이다

초판 1쇄 인쇄 2017년 1월 20일 | 초판 1쇄 발행 2017년 2월 1일
지은이 소계 전산 | 펴낸이 김시열
펴낸곳 도서출판 운주사

(02832) 서울 성북구 동소문로 67-1 성심빌딩 3층

전화 (02) 926-8361 | 팩스 0505-115-8361

ISBN 978-89-5746-476-2　03220　　값 8,000원

http://cafe.daum.net/unjubooks 〈다음카페: 도서출판 운주사〉